中华文化风采录

传统建筑艺术

显赫的王府

柳敏夏 编著

北方妇女儿童出版社
·长春·

图书在版编目(CIP)数据

显赫的王府 / 柳敏夏编著. —长春 ： 北方妇女儿童出版社，2017.1
（传统建筑艺术）
ISBN 978-7-5585-0651-2

Ⅰ. ①显… Ⅱ. ①柳… Ⅲ. ①古建筑－介绍－中国
Ⅳ. ①K928.71

中国版本图书馆CIP数据核字(2016)第311421号

显赫的王府
XIAN HE DE WANG FU

出 版 人	刘　刚	
策　　划	书　韬	
责任编辑	吴　桐　于佳佳	
开　　本	700mm×1000mm　1/16	
印　　张	6	
字　　数	48千字	
印　　刷	北京荣华世纪印刷有限公司	
版　　次	2017年4月第1版	
印　　次	2017年4月第1次印刷	

出　　版	北方妇女儿童出版社
发　　行	北方妇女儿童出版社
地　　址	长春市人民大街4646号
	邮　编：130021
电　　话	总编办：0431-85644803
	发行科：0431-85640624
定　　价	19.80元

习近平总书记说："提高国家文化软实力，要努力展示中华文化独特魅力。在5000多年文明发展进程中，中华民族创造了博大精深的灿烂文化，要使中华民族最基本的文化基因与当代文化相适应，与现代社会相协调，以人们喜闻乐见、具有广泛参与性的方式推广开来，把跨越时空、超越国度、富有永恒魅力、具有当代价值的文化精神弘扬起来，把继承传统优秀文化又弘扬时代精神、立足本国又面向世界的当代中国文化创新成果传播出去。"

为此，党和政府十分重视优秀的先进的文化建设，特别是随着经济的腾飞，提出了中国文化复兴的伟大号召。当然，要实现中华文化伟大复兴，首先要站在传统文化前沿，薪火相传，一脉相承，弘扬和发展五千多年来优秀的、光明的、先进的、科学的、文明的和自豪的文化，融合古今中外一切文化精华，构建具有中国特色的现代民族文化，向世界和未来展示中华民族具有独特魅力的文化风采。

中华文化就是居住在中国地域内的中华民族及其祖先所创造的、为中华民族世世代代所继承发展的、具有鲜明民族特色而内涵博大精深的传统优良文化，历史十分悠久，流传非常广泛，在世界上拥有巨大的影响，是世界上唯一绵延不绝而从没中断的古老文化，并始终充满了生机与活力。

浩浩历史长河，熊熊文明薪火，中华文化源远流长，滚滚黄河、滔滔长江是最直接的源头，这两大文化浪涛经过千百年冲刷洗礼和不断交流、融合以及沉淀，最终形成了求同存异、兼收并蓄的辉煌灿烂的中华文明。

中华文化曾是东方文化的摇篮，也是推动整个世界始终发展的动力。早在500年前，中华文化催生了欧洲文艺复兴运动和地理大发现。在200年前，中华文化推动了欧洲启蒙运动和现代思想。中国四大发明先后传到西方，对于促进西方工业社会发展和形成，曾起到了重要作用。中国文化最具博大性和包容性，所以世界各国都已经掀起中国文化热。

中华文化的力量，已经深深熔铸到我们的生命力、创造力和凝聚力中，是我们民族的基因。中华民族的精神，也已深深植根于绵延数千年的优秀文化传统之中，是我们的精神家园。但是，当我们为中华文化而自豪时，也要正视其在近代衰微的历史。相对于五千年的灿烂文化来说，这仅仅是短暂的低潮，是喷薄前的力量积聚。

中国文化博大精深，是中华各族人民5000多年来创造、传承下来的物质文明和精神文明的总和，其内容包罗万象，浩若星汉，具有很强的文化纵深感，蕴含丰富的宝藏。传承和弘扬优秀民族文化传统，保护民族文化遗产，已经受到社会各界重视。这不但对中华民族复兴大业具有深远意义，而且对人类文化多样性保护也是重要贡献。

特别是我国经过伟大的改革开放，已经开始崛起与复兴。但文化是立国之根，大国崛起最终体现在文化的繁荣发达上。特别是当今我国的大国和平崛起之路，必然也是我国文化实现伟大复兴的过程。随着中国文化的软实力增强，能够有力提升我们融入世界的步伐，推动我们为人类进步做出最大贡献。

为此，在有关部门和专家指导下，我们搜集整理了大量古今资料和最新研究成果，特别编撰了本套作品。主要包括传统建筑艺术、千秋圣殿奇观、历来古景风采、古老历史遗产、昔日瑰宝工艺、绝美自然风景、丰富民俗文化、美好生活品质、国粹书画魅力、浩瀚经典宝库等，充分显示了中华民族厚重的文化底蕴和强大的民族凝聚力，具有极强的系统性、广博性和规模性。

本套作品全景展现，纵横捭阖，故事讲述，语言通俗，图文并茂，形象直观，古风古雅，格调温馨，具有很强的可读性、欣赏性和知识性，能够让广大读者全面触摸和感受中国文化的内涵与魅力，增强民族自尊心和文化自豪感，并能很好地继承和弘扬中国文化，创造未来中国特色的先进民族文化，引领中华民族走向伟大复兴，在未来世界的舞台上，在中华复兴的绚丽梦乡，展现出具有龙飞凤舞的独特魅力。

王府之首——礼亲王府

盛衰无常——睿亲王府

巍峨精致——克勤郡王府

半部清史——恭王府

两度潜龙——醇亲王府

礼亲王府

礼亲王府坐落于北京西城区西皇城根街西北，也就是大酱坊胡同东口路北。它始建于清顺治年间，为清朝礼亲王代善之孙杰书择地兴建。

该府规模宏伟，地域宽广，建筑布局与其他王府相同，是皇宫建筑的缩影。其中路为主体建筑，东路为住宅，西路为花园。内有亭台轩廊、山石池沼等园林建筑。

清代第一王族礼亲王族

礼亲王府是清太祖努尔哈赤第二子、清初开国功臣爱新觉罗·代善的府邸。王府主要建筑分前后两组。前部有正门、正殿及其两侧翼楼，后殿及其两厢配殿。后部自成庭院，前为内门、前堂、后堂及其两厢配房，最后为后罩楼。

礼亲王家族的创始人爱新觉罗·代善，生于1583年，与兄长爱新觉罗·褚英，都是清太祖努尔哈赤的第一位大福晋佟佳氏所生，十四五岁时就被尊称为贝勒。

1607年，东海女真瓦尔喀部

■ 努尔哈赤（1559年~1626年），清王朝奠基者。努尔哈赤25岁时起兵统一女真各部，平定关东部。后建立后金，割据辽东，建元天命。1626年，努尔哈赤在与明军交战时受伤，于撤军途中伤重身死。其子皇太极改国号为"清"并称帝，追尊努尔哈赤为清太祖。

■ 礼亲王府大门

斐优城的首领策穆特赫来到了赫图阿拉，也就是后来的辽宁新宾县内，拜谒努尔哈赤说："吾地与汗相距路遥，故顺乌拉国主布占泰贝勒，彼甚苦虐吾辈，望往接吾等眷属，以便来归。"

此时的努尔哈赤正处在壮大自身并着手统一女真时期，于是派他的三弟舒尔哈齐、长子褚英、次子代善与大臣费英东、扈尔汉、扬古利等，领兵3000人，往斐优城，迎接策穆特赫部众归附。

舒尔哈齐一行到达斐优城后，接收四周屯寨约500户。三位贝勒令费英东、扈尔汉带兵300人护送先行。不料此时的乌拉部贝勒布占泰得到消息，想借助这机会一举消灭努尔哈赤手下的这几个得力干将，所以命令将领博克多贝勒领兵1万余人，潜伏在图们江右岸的乌碣崖一带，准备突然冲出，拦路截杀建州部众人。

003

王府之首

礼亲王府

女真 生活于我国东北地区的古老民族。12世纪，女真族领袖完颜阿骨打建立金朝，13世纪被蒙古人所灭。"女真"在15世纪初期分为建州女真、海西女真、野人女真三大部。17世纪初建州女真部逐渐强大，首领努尔哈赤统一了女真诸部，于1616年建立了后金政权。

显赫的王府

扈尔汉（1578年～1623年），父亲是扈喇虎，早年投奔努尔哈赤，努尔哈赤认扈尔汉为义子。扈尔汉为报养育之恩，每战必为前锋。后金开国后，扈尔汉名列开国五大臣之一，执掌镶白旗，在之后的战役中大破明军，历加世职至一等总兵官。

扈尔汉一面让护送的500户斐优城女真在山上安营扎寨，遣兵一百卫守，自己率兵二百与敌军列营相持，一面派人将乌拉拦劫之事回报三位贝勒。

第二天，三位贝勒领军赶到。面对大军突袭的严重威胁，褚英、代善对着全体官兵策马愤怒说：

吾父素善征讨，今虽在家，吾二人领兵到此，尔众毋得愁惧。布占太曾被我国擒捉，铁锁系颈，免死而主其国，年时未久，布占太犹然是身，其性命从吾手中释出，岂天释之耶？尔勿以此兵为多，天助我国之威，吾父英名夙著，此战必胜。

这番话，言语虽然不多，却大长了自己的志气，灭了敌人威风，对鼓舞士气有很大作用。当时建州军队只有3000人，乌拉军士兵多达万余，而且是早有准

■ 清代银鎏金凤冠

备，以逸待劳，双方实力对比相当悬殊，建州士兵能
否冲破敌军包围安全返家，已是一大难题，要想打败
对方，更是谈何容易。

褚英和代善的话无疑起了很大的鼓舞作用，建
州兵勇们齐声叫喊，"吾等愿效死力""遂奋勇渡
河"。

代善与兄长褚英乘机领军"登山而战，直冲入
营"，大破乌拉兵。回师以后，努尔哈赤因代善"奋
勇克敌"，斩杀了敌军统领，遂赐予代善"古英巴图
鲁"美号。

"古英"是满文音译，意为"刀把顶上镶钉的帽
子铁"，"巴图鲁"为英勇的意思，是勇士的美称，整
体意思是，代善既英勇，又硬如钢铁，更是勇士之
最。这个尊号，在整个清代，为代善所独有，可见努
尔哈赤对代善的英勇给予了高度的嘉奖。

005
王府之首
礼亲王府

**爱新觉罗·代
善**（1583年~
1648年），为努
尔哈赤的次子。
后来金政权建立
以后，他被封为
和硕贝勒，称之
为大贝勒。在伐
女真各部、征蒙
古、攻明朝历次
战役中，颇见其
功。努尔哈赤死
后，拥立皇太极
有功，后尊为礼
亲王。

■皇太极（1592年～1643年），努尔哈赤第八子。1626年，继位后金可汗，改年号为天聪，史称"天聪汗"。1636年，皇太极在沈阳称帝，建国号清，改年号为崇德，并以这年为崇德元年。皇太极在位17年，他确定了满族族名，为清王朝的确立和后来统一中国打下了坚实基础。

1613年，代善跟从努尔哈赤灭掉了乌拉，之后建立了后金，代善于1616年被封为和硕贝勒。

1618年，努尔哈赤率军攻伐明朝，行军两天遇到了大雨，天气状况恶劣，努尔哈赤于是考虑撤军。

代善说："我军已经进入了明边境，现在返回，难道要与其重修旧好？大军已出，如何回避？且雨又何害，反而能使敌人更加松懈。"

努尔哈赤听从了代善的意见，撤销了退兵的决定，下令前进，在第二天轻取抚顺，攻克了马根单、东州等城堡500余座，俘获人畜30万，取得了征讨明朝的第一个大胜仗。在后金发展的重要关头，代善再建了奇勋。

1619年，代善在遵化围困了明朝将领刘之纶驻扎在山上的军队，攻破其7营。刘之纶逃入山中，代善追击，将其射杀了。

1621年，代善随着努尔哈赤过兴安岭，攻归化城。1623年，征伐明朝，出榆林口，至宣府边外，从咯喇鄂博分兵两处，攻克得胜堡。

刘之纶 明崇祯元年进士，后做庶吉士。1629年，他由庶吉士升为兵部右侍郎。当时后金侵掠京畿，刘之纶毅然请战，与后金开战。1630年，他被后金兵射杀。

1626年，太祖驾崩，代善与其子岳托、萨哈，与诸子立皇太极为汗，对清初政权的稳定过渡起了重要作用。而后，代善又大力支持皇太极的中央集权体制，主动放弃与皇帝同座分理政事的权力。

由于代善建立了不可磨灭的战功，以及他对皇太极的大力支持，1636年，代善被赐封为和硕礼亲王。

皇太极去世以后，代善与诸王一起拥立清世祖福临继位，代善又召集诸王、贝勒和大臣商议，以郑亲王济尔哈朗、睿亲王多尔衮共同辅政，以调和矛盾，兼顾对立双方的利益，平息了爱新觉罗家族内部的皇权之争。

之后不久，礼亲王家族发生了一件惨事，代善的儿子硕托、孙子阿达礼因被告发"密谋立多尔衮为帝"，代善大义灭亲，将一儿一孙双双处死。

清世祖福临 爱新觉罗·福临，皇太极第九子，是清军入关后第一位皇帝。他6岁继帝位，由叔父摄政，14岁时亲政。年号顺治，又称为顺治帝。清初满汉民族矛盾与阶级矛盾极为激烈，到顺治朝结束时，清廷击败了各种抗清势力，完成了全国的统一。

王府之首

礼亲王府

■清朝士兵蜡像

在大清开国史上，有八位赫赫有名的王爷，他们不仅是皇帝的嫡系子孙，而且都曾对清朝开基创业或统一全国立有大功。他们爵位无论承袭多少代都永远不降，封建社会时称为"世袭罔替"，民间则俗称为"铁帽子王"，意思是他们的王冠永远不会被换掉。

清朝统治者入关后，1645年初，多尔衮摄政，排斥代善，代善又年事已高，遂在家闲居。

1648年，代善病逝于北京，享年66岁，皇帝赐予祭葬，并立碑记功。在1671年，代善被康熙帝追谥为"烈"。

代善死后，他的第七子满达海世袭了爵位，以后就代代相传了。

代善倾尽自己的力量辅佐了清朝三代帝王，他效力于努尔哈赤帐下时军功卓著，后支持其弟皇太极继位并巩固政权，晚年主持世祖福临为帝，并不惜诛灭自己儿孙两代骨肉以挫败篡位的阴谋。他多次在历史关键时刻稳住了大局，维护了清王朝的统治。因此，在所有清朝亲王中，代善被列为首位。

礼亲王家族在清初的地位可谓显赫至极，代善共有8个儿子，其中有爵位者7人：岳托、硕托、萨哈璘、瓦克达、玛占、满达海、祜塞。祜塞初封为镇国公，后追封为惠顺亲王，之后世代儿孙都承袭其爵位。

礼亲王家族共传13代，14位后裔承袭爵位，其中两个被削爵，

■ 清代硬木宝座屏风

分别用过礼、巽、康3种封号，仅"八大铁帽子王"中，礼亲王家族就占有三席，分别是礼亲王代善、代善长子克勤郡王岳托、代善之孙顺承郡王勒克德浑，祖孙三代均是世袭，从没有替换过。

■ 清朝官员的官帽

另外，礼亲王家族还有两人被封为郡王，一人封为贝子，一人封为辅国公。

在代善之后，家族一直兴旺，贯穿于整个清朝始终，在后来世袭的亲王中，人才济济，武士与学者辈出。礼亲王家族堪称"清朝第一王族"，其他家族简直遥不可及。

满达海 清初将领，清太祖努尔哈赤之孙，礼亲王代善第七子。代善死后，袭爵位为礼亲王，后改封为巽亲王。满达海死后被追论前过，削其谥号，降爵为贝勒。

阅读链接

睿亲王多尔衮辅佐顺治皇帝执政时，因矛盾重重，叔侄关系转化为政敌的关系。而代善第七子满达海生前曾多次谄媚多尔衮，为此，满达海被年轻的顺治皇帝降为贝勒，其世袭亲王爵位也被剥夺。

这一爵位收回后，按制应转归代善其他直系后裔继承，因此爵位就幸运地落到了代善的孙子杰书头上。这样，16岁的杰书晋封为和硕康亲王，登上了贵族爵位的最高台阶。

京城规模最大的礼亲王府

1659年，代善所遗亲王爵位由代善之孙杰书承袭，仍沿用原封号康亲王。之后，杰书新修康亲王府，也就是后来的礼亲王府。

其后，康熙年间也有大规模扩建，扩建之初，康熙帝曾下旨命天下资助，陈设也由各地官员献纳，所以礼亲王府的豪华都是其他王府所不能比的。

清代鎏金滴水

当时，整座礼亲王府呈长方形，规模雄伟，占地宽广，重门叠户，院落深邃。在清代所建的诸多王府中，礼亲王府为京城规模最庞大的建筑群落。根据《乾隆京城全图》记载，礼亲王府分中、东、西三路，中路为主体建筑，有府门、宫门、银安殿，殿前有丹墀；有两侧翼楼、后殿、两侧配殿；有启门、神殿前出轩、两侧配殿；有遗念殿、两侧转角配房、后罩房，共有房屋五重、院七进。

■ 清代铜辅首

东路由十二进院落组成，是王爷和其家人休息的房间。西路由花园、屋宇等十一进院落组成，亭台楼阁错落有致，设计十分巧妙。整个王府共有房屋和廊庑等480多间。

礼亲王府的修建者杰书是代善的孙子，也是清朝名将，在康熙年间曾任奉命大将军，曾经率兵征讨三藩之乱，在征讨驻福建的靖南王耿精忠和防范厄鲁特蒙古准噶尔部首领噶尔丹的战役中屡建战功。

杰书在顺治年间就已经晋升为亲王了，而他真正成名却是在康熙年间。驻云南的平西王吴三桂和耿精忠叛乱后，康熙皇帝急需在亲族中找一位智勇双全的亲王领兵作战。

安亲王岳乐，不仅威望高，而且身经百战，是首

安亲王岳乐 爱新觉罗·岳乐，清太祖努尔哈赤之孙。是顺治、康熙两朝功勋卓著的亲王，为清朝入关后的稳定与发展做出了重要的贡献。岳乐一生最大的功绩，是在荡平"三藩"的战争中立有大功。

显赫的王府

■清代兵书

昭梿 字汲修，自号汲修主人。是代善的第六世孙。昭梿勤于笔耕，他留给世人的是一部很有名的笔记——《啸亭杂录》，书中记载了大量清朝典故、满族习俗和贵族官员的逸闻逸事。

郑锦 又名郑经，郑成功的长子，字符之，号式天，乳名锦。继承父亲延平郡王、招讨大将军的官爵；在英国东印度公司的纪录中被称为"台湾国王"。1662年，郑成功死后，郑锦接替带领军队。

选之人。但面对从云南和福建两路杀来的叛军，仅岳乐一人恐怕不能兼顾，在这种情况下，康亲王杰书就脱颖而出，被封为奉命大将军，率师讨伐耿精忠。

杰书率军抵达浙江金华时，浙江温州、处州已经失守，耿精忠的大将率5万大军强攻金华。战争一经打响，康亲王的军事才能便显露了出来。清军在他的指挥下屡战屡胜，收复诸多州县。

1676年，杰书率军移师浙江衢州途中遭到伏击，与叛军短兵相接。杰书此时正在军中，他的大旗被敌人的火器打烂了，炮弹不断在他身边爆炸，亲兵从附近破庙中拆来门板，为杰书遮挡。

但是，杰书毫不畏惧，他指挥作战谈笑自若，使士兵深受鼓舞，大家奋力拼杀，残酷的战斗使双方伤亡惨重，鲜血染红了河水，最终大败叛军。随后，杰书令大军一日夜急行军数百里，攻克了江山城。

不久，耿精忠无力抵挡清兵的攻势，被迫投降。但是，东南的战事并没有结束，台湾的延平郡王郑锦还盘踞在金门和厦门一带。

于是，杰书马不停蹄，率百战之师与刚刚投降归顺的耿精忠部队横扫金门和厦门两地，将郑锦的残军赶回了台湾，彻底平定了东南各地。杰书凯旋之时，康熙帝亲率诸王和大臣到卢沟桥迎接。

1697年，康亲王杰书病逝。他对清王朝的主要功绩是平定了耿精忠的叛乱，使清朝的统治得以继续稳定地发展下去。

1805年，世袭爵位的第九代礼亲王昭梿在官场颇不得志，后因凌辱大臣被夺去了爵位，并被圈禁了起来，后来嘉庆帝才将其释放。

尽管昭梿不适合做官，但他却是清朝著名的艺术家和诗人，他自号"汲修主人"，一生潜心研究清朝的政治、军事、文化和典章制度，学术上颇有造诣，著有流传后世的史料著作《啸亭杂录》和《啸亭续

■清代三扇中堂屏风

录》，两部著作严谨精良，颇有影响，是后世史学家研究清史的重要资料。

1807年，礼亲王府失火，于是，在清仁宗嘉庆皇帝的垂怜下，昭梿又依照礼亲王府原样进行了重建。重建后的格局保持到了清末。

末代礼亲王叫世铎，在同治年间先后担任内大臣和右宗正等职务，参与处理军国大事，被赠予亲王的双重俸禄。然而，随着大英帝国的入侵，清王朝便渐渐走向了没落，礼亲王家族也从世铎之子这一辈开始衰落。

在20世纪初期，礼亲王后裔沦落到变卖府邸房产和居无定所的地步，从此销声匿迹。礼亲王家族从1636年至1914年，辉煌的家族历史共延续了279年。

代善自从跟随父亲努尔哈赤打下江山，到他鞠躬尽瘁辅佐清朝三代君主后功成身退，以及他带给后代延绵数百年的显赫家族，都化为了历史的灰烬。

阅读链接

礼亲王府还有一个花园在北京市海淀镇，始建于清康熙年间。当初花园分前园和后园。前园雕梁画栋，亭台楼阁无一缺余。后园以叠石假山，将各个景区分隔开来。花园规模很大，占地约33000多平方米，全园布局分3部分，即寝居室、山林野景区、园林区。

园中主要景物系以叠山取胜，建筑布局以对称为特点。造园手法，有聚有散，散聚结合，前园严谨，后园活泼，颇有幽趣。园中建有月台一座，四周绕以白石雕栏，台上西部叠置台山一座，高低错落有致，玲珑得体，确为园中之佳品。

盛衰无常

睿亲王府

在北京的睿亲王府共有两处：一处是位于东华门外南池子以东的老睿亲王府，一处是位于东城区石大人胡同中间路北的新睿亲王府。

前者是第一代睿亲王多尔衮的府邸，后者是乾隆年间恢复睿亲王爵位后其后嗣子孙的府邸。

显赫一时的睿亲王多尔衮

睿亲王府位于南池子东侧南宫也就是重华宫旧址。南宫在明代时为皇城东苑，占地1万平方米，是太子居住的地方。

明英宗受太监王振的蛊惑，御驾亲征，不想在河北怀来的土木堡

被蒙古瓦剌部俘虏，幸好当时的大臣于谦挺身而出，拥戴郕王朱祁钰为帝，即景泰帝，不理睬蒙古瓦剌部的要挟，蒙古瓦剌没有办法，只好把明英宗又放回来了。

可是这里已经有了一个皇帝了，怎么办？于是，于谦就将英宗

■ 明英宗（1427年～1464年），朱祁镇，明朝第六位皇帝。9岁即位，年号正统。后瓦剌入犯，听从王振之言亲征，抵土木堡兵败被俘。郕王朱祁钰被拥立为帝，改元景泰。1451年，英宗被释回京，软禁于南宫。1458年，英宗的手下将领发动夺门之变，英宗复位，改元天顺。

■ 多尔衮（1612年～1650年），完成大清一统基业的关键人物，清朝入关初期的实际统治者。1626年封贝勒，1636年因战功封和硕睿亲王，1643年辅政，称摄政王。1644年指挥清军入关，清朝问鼎中原，先后封叔父摄政王、皇叔父摄政王、皇父摄政王。1650年去世。

朱祁镇以太上皇的名义囚禁在小南城重华宫里。

过了几年，景泰帝病了，一些居心叵测的大臣趁此机会拥戴英宗复辟，反而把景泰帝送到了重华宫。没有几天，景泰帝就突然离开了人世。

到了清代，南宫又成为多尔衮的摄政王府。多尔衮利用了重华宫旧址，将摄政王府建造得宏伟壮丽，甚至超过了皇宫。王府的地基高于地面很多，殿宇宏伟，四周绕以36根檐柱，檐椽为3层。

爱新觉罗·多尔衮是清太祖努尔哈赤的第十四子，多尔衮初封贝勒，他是皇太极之弟，母为努尔哈赤大妃阿巴亥。

多尔衮的母亲阿巴亥是个非同寻常的女子，在努尔哈赤晚年纷繁复杂的储位之争中，原居侧福晋之位的阿巴亥曾与皇太极联手诬告大福晋富察氏与太子代善私通等罪。

这一举动达到了一石二鸟的目的：与皇太极争位的主要对手代善被废太子之位，另一对手莽古尔泰遭到了惨重打击；大福晋富察氏被努尔哈赤休弃，阿巴

代宗景泰帝 朱祁钰，明朝的第七位皇帝。明英宗被蒙古瓦剌部俘去之后继位，重用于谦等人组织北京城保卫战，打退了瓦剌的入侵。即位后整顿吏治，使吏治为之一新。在位8年，病中因英宗复辟被废黜软禁而气死，终年30岁。

■ 二龙争斗石雕

亥借此晋升为努尔哈赤的第三大福晋，同时，其子多尔衮兄弟地位急速上升。

1626年，多尔衮晋封贝勒，并且与弟多铎被合立为一个和硕额真，同掌一旗。

多尔衮15岁时，爱新觉罗家族发生重大变故，努尔哈赤病故。当时多尔衮兄弟已辖八旗中的正黄、镶黄二旗和十五牛录，实力超过了三大贝勒，并且他的母亲阿巴亥掌握实权，且年富力强，智慧超群，颇有野心。

有母亲做后盾，多尔衮成为除皇太极和代善之外唯一可能问鼎汗位的力量。但是，多尔衮毕竟年幼，对皇太极不具有压倒性的优势，这个时候，代善的抉择就成为关键。

可是，代善出于政治稳定的考虑，同时也被他的两个儿子岳托、萨哈璘说服，接受了皇太极的交换条

莽古尔泰 清太祖努尔哈赤的第五子，爱新觉罗氏，努尔哈赤的第二位福晋富察氏所生，后金的四大贝勒之一。少时跟随努尔哈赤征伐乌喇部，英勇善战，连克六城。1619年，参加了萨尔浒大战。太宗即位后，数次进攻明军，屡立战功。1632年卒。

件，立皇太极为汗。

皇太极继承汗位之后，立即率诸贝勒赶赴阿巴亥所居之处，逼她自尽，为努尔哈赤殉葬。皇太极此举的目的是为了除掉政治上潜在的对手，同时也把他与阿巴亥之间的秘密永远隐藏起来。

阿巴亥死前要求皇太极善待、"恩养"多尔衮兄弟，把他们抚养成人，皇太极答应了她的请求。阿巴亥殉葬后，年仅15岁的多尔衮父母双亡，丧失了继承大统的可能。

皇太极没有失信于阿巴亥，作为一国之君，作为年长20岁的兄长，他把多尔衮抚养成人，严加管教，提携培养，委以重任。多尔衮也确是将才，统兵打仗，开疆扩土，屡立战功。

1628年，多尔衮随皇太极出征察哈尔蒙古多罗特部，多尔衮在战役中获大捷，俘众万余，因功赐号"墨尔根代青"，意为"聪明的统帅"。

1629年，多尔衮率军自龙井关入明朝边境，率军围攻北京，败袁崇焕、祖大寿援兵于广渠门外，又歼山海关援兵于蓟州。第二年，还师先行，再败明军。

1631年，皇太极初设六部，多尔衮受命掌吏部。同

八旗 清朝的一种社会组织形式。在平时，人们从事耕作、狩猎等活动；在战时则应征为兵。起源于女真族的狩猎组织牛录。努尔哈赤起初将自己的军队分编为正黄、正白、正红、正蓝四旗。随军队壮大，又将四旗加上边框，成为"镶黄旗"等，形成八旗。

■ 清朝皇后服饰图

凤冠
金约
耳饰
领约

朝珠

贝勒 皇室爵位，满语，原为满族贵族的称号，复数为"贝子"。后以贝勒、贝子为清代宗室封爵的两个等级，贝勒为第三级。此外，在两宋时期为金国贵族称号，如金兀术乃金国贝勒。

年，率军强攻大凌河城，多尔衮率骑兵在队伍的最前方奋勇冲锋，险些被城墙上密集的火炮打死。

破城后，明总兵祖大寿被俘，他对多尔衮说道："方才火炮若射中将军，可如何是好？"

多尔衮耻笑其虚伪："尔言不由衷，当真可笑也！"

事后，皇太极斥责多尔衮身边的将士对其涉险冲锋不加以拦阻。

1636年，时年25岁的多尔衮已是战功赫赫，晋封为和硕睿亲王。

1638年，多尔衮封奉命大将军，统左翼四旗兵与扬武大将军岳托所率右翼军大举入关攻明，越北京至涿州，分兵八道，连续取得200余场战役的胜利，破城40余座，俘掠人口25余万。

1643年秋，皇太极病逝。多尔衮重新卷入皇位之

■ 清兵出征泥塑

争，皇太极的长子豪格继承了皇太极的正黄旗、镶黄旗并自掌有正蓝旗。多尔衮与多铎掌有正白旗与镶白旗，有了足够的实力和豪格争夺汗位，此外还有诸多王爷和贝勒的支持。

但是，双方实力相当，倘若有一方强行夺取权力，必将造成爱新觉罗皇族与八旗内部的分裂，妨碍征明大计。此时，代善又从中起到了决定性作用。

代善说服多尔衮，转而扶持皇太极第九子福临入承大统。而多尔衮和郑亲王济尔哈朗"左右辅政，共管八旗事务"并实际掌权。

豪格在战场上虽然骁勇，但在政治上软弱且缺乏才干，于是自行退出。郑亲王济尔哈朗支持过豪格，两黄旗可以接受。这一决定化解了尖锐的矛盾，避免了八旗内的政治斗争，为满清入关奠定了基础。

多尔衮摄政时期，清军开始大举入关，征服中原。多尔衮不仅骁勇善战，而且谋略过人，他能善用降将与谋臣，善于把握战争全局，集中优势兵力，打击对方薄弱环节，最终取得战争的胜利，为清王朝在我国近300年的统治奠定了基础。

1644年4月，多尔衮率阿济格、多铎等，统领满、蒙、汉军10余万攻明。在山海关接收了吴三桂部，合兵在山海关之战，击溃李自成数十万农民军。10月，多尔衮受封"叔父摄政王"。两路同时发精兵，在陕西合击李自成残部。

■ 清朝正白旗铠甲

中原 为中华民族、中华文明、中原文化的发源地，万里母亲河黄河两岸，千里太行山脉、千里伏牛山脉东麓，在古代被华夏民族视为天下中心。广义的中原是以中原洛阳、开封、商丘、安阳、郑州、南阳、许昌等七大古都群为中心，辐射黄河中下游的广大平原地区。狭义的中原即指天地之中、中州河南。

■ 多尔衮曾召集百官议事的睿亲王府

庙号 指驾崩后的皇帝在庙中被供奉时所称呼的名号。在我国古代，为了避免祭祀上的麻烦，在君王驾崩几代之后就会毁去原庙，用一个太庙合并祭祀几位君主。在这几位君主之中，只有对国家有大功、值得子孙永世祭祀的先王才会被追封庙号。

1645年初，多尔衮率兵征山东。3月，命多铎展开江南总攻，多铎急速行军，4月屠扬州，5月占南京，俘弘光帝，灭各南明政权。

多尔衮以"重剿轻抚"一意孤行地实行民族高压政策，以"不随本朝制度剃发易衣冠者杀无赦""留头不留发，留发不留头"的野蛮法令强迫南方民众接受改朝换代。

6月，多尔衮改变策略，以"攻抚之策"相继平定江南。1646年，命豪格攻四川，灭张献忠的大西农民军；命博洛征闽、浙；命多铎征蒙古；命将领孔有德征湖广。

1647年，《大清律》颁行全国。同年，罢郑亲王济尔哈朗辅政，独专朝政。此时，多尔衮权势急剧膨胀，他一人独掌八旗中的正白、镶白、正蓝三旗，头衔也升为"皇父摄政王"。

在多尔衮掌权期间，睿亲王府前每日都是车水马龙，大小官员往来穿梭，这里实际上已成为当时全国的政治中心。

多尔衮每天召集百官来府议事，然后再将已决之议拿到朝廷去走个过场。后来他嫌跑来跑去太麻烦，干脆将皇帝发布谕旨的玉玺搬回府中。但这段耀武扬威、为所欲为的时光很快就结束了。

1650年12月，39岁的多尔衮因狩猎坠马身受重伤，卒于喀喇城，也就是河北承德市郊。多尔衮死后，顺治帝追尊他为"懋德修道广业定功安民立政诚敬义皇帝"，庙号"成宗"。多尔衮无子，以豫亲王的儿子多尔博为后，袭亲王，俸视诸王3倍。

不久之后，郑亲王济尔哈朗等人对多尔衮生前的罪发起弹劾，追论他生前谋逆罪。因其独断专行、妄自尊大，自称"皇父摄政王"，并迫害肃亲王豪格，致其死，纳其妃、收其财。

顺治帝下诏，剥夺多尔衮封号，并掘其墓，鞭其尸。多尔衮的尸体被挖出来，用棍子打，又用鞭子抽，最后砍掉脑袋，暴尸示众。多尔衮的党羽皆被凌迟处死。

直到1778年，乾隆帝阅览实录，为多尔衮平反，下诏为其恢复名誉，复睿亲王封号，爵位世袭罔替。

睿亲王府

阅读链接

多尔衮体弱多病。用肃亲王豪格的话说，他是个"有病无福"之人。多尔衮身材细瘦，素患风疾，入关后病情日重，常常头昏目眩，一度病情加剧，以致在小皇帝面前跪拜都很困难，所以特别恩准他免于跪拜。

但即便疾病缠身，多尔衮仍日理万机，始终兢兢业业。他一再谕令臣下，奏章务求简明扼要，不许有浮泛无据之辞，以免徒费精神。据多尔衮自己说，他之所以体弱神疲，是由于关外松山之战时亲自披坚执锐、劳心焦思种下的病根。

由睿亲王府到寺院的历史

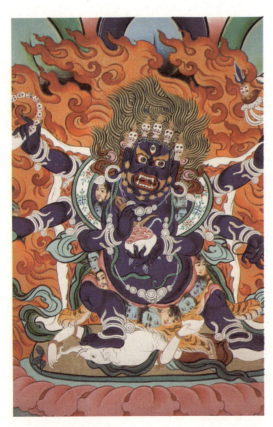

多尔衮死后被削爵，摄政王府府邸遂废。直到乾隆年间，多尔衮恢复名号之后，才将废弃的多尔衮王府改建成玛哈噶喇庙，隶属于管理民族事务的理藩院。

玛哈噶喇是藏传佛教中的大护法神，最初为元裔察哈尔林丹汗所供奉。林丹汗败亡后，僧人将其送至沈阳，清太宗建实胜寺祀之。

■ 玛哈噶喇 是佛教三根本的化身。为调伏刚强众生而呈现愤怒相，本尊及眷属护法众除护持佛法外，依缘起多示现为两臂、四臂、六臂、黑、白等形象，为藏传佛教诸宗共同推崇的智慧护法。

之后，乾隆帝又下令将玛哈噶喇庙翻修扩建，改名为"普渡寺"，昔日摄政王府大殿被改建为"慈济殿"，并为大殿题额"觉海慈航"。

大殿还有清魏显达写的楹联：

普济众生蒙佛荫

渡连圣城沐神恩

寺院大殿外有甬道，直通山门。道两旁古松林立，清静幽美。

寺内原有黑护法佛殿，内藏睿亲王多尔衮生前使用过的甲胄弓矢，铠甲长约2.3米，黄缎面上绣龙图案，胄直径30厘米，护项亦为黄色，刀剑弓矢比寻常人的长出三分之一。从多尔衮的甲胄和兵刃判断，他

■ 改建成玛哈噶喇庙的睿亲王府

弓 抛射兵器中最古老的一种弹射武器。它由富有弹性的弓臂和柔韧的弓弦构成，当把拉弦张弓过程中积聚的力量在瞬间释放时，便可将扣在弓弦上的箭或弹丸射向远处的目标。弓箭作为远射兵器，在春秋战国时期应用相当普遍，被列为兵器之首。自人类出现战争到近代枪炮大量使用为止，弓的作用是任何武器无法替代的。

的身高应在1.9米至2米之间，的确是个彪形大汉。

甲胄弓矢的两侧，有两尊护卫像，所佩带的兵器皆为真品。转轮藏殿内陈设珍宝极多：有造型奇特的佛像，手执戈戟，下乘狮子，似印度、尼泊尔等国的舶来品；有约3.3米多长的雕镂精致的沉香杖，这些文物现在早已渺无踪影了。

普渡寺正殿供奉欢喜佛，供品佣人骷髅一具，庙内旧传有多尔衮死后以鱼皮所造肖像，也已无存。此处大殿建筑宏伟，面阔9间，前出厦5间。基座高大，为须弥座式。

大殿基础高出周围地面约3.3米。檐出飞椽共三层，为建筑制式中少见，被称为"金銮宝殿"的太和殿，檐椽也仅为两层。睿亲王府改建为玛哈噶喇庙以来，一直有僧人居住。

新中国成立后，南池子地区开始了大规模的修缮改造，普渡寺的修缮引起了许多人士的关注，主持该

舶来品 "舶"的意思是"航海大船"，"舶来品"原指通过航船从国外进口来的物品。旧时外国商品主要由水路用船舶载运而来，故名。引申为国外的东西，即从外国传入本国的意识、物品、语言等。其可以是一种文化，也可以是本国没有、从外国引进来的东西或者是一种技术。

■ 清代三世佛像

■睿亲王府后门

项工程的部门聘请古建筑专家,对普渡寺原来的面貌进行推测。

普渡寺建筑非常独特:建在高台之上,而且窗棂低矮。像普渡寺这样典型的满族风格文物建筑在北京仅此一处,也是北京少见的清初风格的古建筑。

普渡寺的修缮完全按照古建筑传统工艺及文物整新如旧的原则进行的。殿内的彩画穹顶看起来半新半旧,这是因为在维修时要首先使用旧建筑构件,只有在当旧件缺损、数量不够的时候才能用仿制的新件代替。

据专家考证,建筑外部的彩画基本都是清朝中期绘制的,而内部部分彩画为清初遗存。

窗棂 即窗格,也就是窗里面的横的或竖的格。我国古代窗子的传统构造十分考究,窗棂上雕刻有线槽和各种花纹,构成种类繁多的优美图案。透过窗子,可以看到外面的不同景观,好似镶在框中挂在墙上的一幅画。

修缮将尽量保留旧彩画，对破损的地方尽可能用原工艺、原材料进行修补。整个建筑共需补配彩画200多处，约80平方米。大殿檐柱上梁头都是木雕龙头，这在北京也很少见。

在进行修缮之前，文物单位首先对普渡寺进行了考古清理，在高台上出土了许多明代的石刻件，也在普渡寺大殿抱厦的东南角发现了圆形建筑物。这个建筑低于大殿的地面约两米，直径约四五米，在其顶部有12块异常精美的汉白玉石雕。

在它的北面，还有一个台阶可以通到其底部。普渡寺整座院落都建在3米多高的城砖台座上，依稀显示着昔日王府不凡的气度。经过半年的复建，历经风雨侵蚀的普渡寺拂去了历史的尘埃，英姿重现。现在的普渡寺整修得很好，大殿整修得更好，大殿名为济慈殿，面阔7间，黑色琉璃瓦绿剪边歇山顶殿顶，前出抱厦3间。最上面的彩画基本未动，保持原样，下面重新翻新了。

檐下的枋头饰物龙头和故宫内的不一样，是另一种样式的龙，保持了关外满族的风格。殿前抱厦覆以黄琉璃瓦，显示以不同的等级。

现在，普渡寺周边的前巷、东巷、西巷等胡同的铭牌都写作"普渡寺"。然而在《宸垣识略》等多部记述北京历史地理的资料中，"渡"字都没有三点水旁，均写作"普度寺"。

阅读链接

因为多尔衮没有后代，生前曾将豫亲王之子多尔博过继为嗣。乾隆皇帝便将多尔博五世孙淳颖复爵睿亲王，因原睿亲王府已经改建为普渡寺，位于石大人胡同的淳颖宅邸被作为睿亲王新府。

睿亲王新府规模十分宏大，曾有房500多间。中路建筑如同缩小的紫禁城三大殿，有东西翼楼、银安殿、二道门、神库、安福堂等殿堂。西路为王府花园，东路为宗祠、大厨房、瓷器库、灯笼库和戏台等，府门外还有马圈和车房。

巍峨精致

克勤郡王府

克勤郡王府位于北京西城区新文化街西口路北。现为新文化街第二小学，是清初"八大铁帽子王"王府之一。曾是知名人士熊希龄的住宅。

现在王府后半部的后寝门、后寝和后罩房等建筑物尚完整。1984年公布为北京市重点保护文物。

智勇双全的克勤郡王岳托

第一代克勤郡王岳托是礼亲王代善的长子，最初被授予台吉，继而封为贝勒。岳托很早就投身戎马，自幼随祖父努尔哈赤征战各方，功劳卓著，以骁勇善战和擅长谋略名冠后金。

1621年，努尔哈赤率军攻打沈阳奉集堡，将要班师的时候，突然接到谍报，附近发现了明军数百人。于是岳托偕同台吉德格类向明军

克勤郡王府古建

发动突袭，击败了明军。

之后努尔哈赤攻克沈阳，清军奋起直追至白塔铺。岳托闻讯后赶至白塔铺，狂追明军40里，歼灭明军3000余人，他这种执着的精神也确有乃父之风。

不久以后，发生了一件事。喀尔喀扎鲁特贝勒昂安把清军使者捉住并送往叶赫，结果使者被杀。于是在1623年，岳托同台吉阿巴泰出兵讨伐昂安，斩杀了昂安以及他的儿子。

■ 克勤郡王府石狮

1626年8月，太祖努尔哈赤病逝，后金面临了谁继承汗位的问题。当时四大贝勒全都手握重兵，势均力敌。一有不慎可能就会毁掉后金的百年基业。

在这时岳托从大局着想，与三弟萨哈璘一起劝说父亲支持四贝勒皇太极即位，迅速解决了当时的权力接续问题。

虽然岳托作为代善长子在代善即位后是很可能成为太子的，不过岳托同父亲一样从大局出发，支持皇太极。所以在太宗时期，代善父子一直深受信任，即使犯有错误，两人所掌的两旗也没有被夺去或削弱，恩宠日隆。

1626年10月，岳托跟随父亲代善攻打内蒙古扎鲁特，斩杀其部长鄂尔斋图，俘虏了他的部众，于是因

四大贝勒 1616年，努尔哈赤在赫图阿喇登基为汗时，就设了四个贝勒，即大贝勒代善、二贝勒阿敏、三贝勒莽古尔泰、四贝勒皇太极。后金国的建立者努尔哈赤死时，皇太极继承大汗位置。但与其他三位亲王一同主持朝政，被称为四大贝勒时期。

显赫的王府

■ 抚顺汗王宫

军功封为贝勒。

1627年，岳托偕同贝勒阿敏、郑亲王济尔哈朗讨伐朝鲜。后金军跨过鸭绿江后，连续攻克义州、定州、汉山三城。

回师后，岳托又跟随皇太极伐明，由于大明名将袁崇焕的有力防守，清军一筹莫展，损失惨重。但岳托在战斗中，不光击败了路遇的明军，还在围攻宁远时击败明军挖壕士兵千余，复败明兵于牛庄。

1628年，岳托同阿巴泰侵犯明边境，毁锦州、杏山、高桥三城。又烧毁自十三站以东墩21座，杀守兵30余人。班师，皇太极亲自出迎，赏赐良马一匹。

1629年，岳托进犯明锦州、宁远，焚毁明军积聚的粮草。10月皇太极亲自攻打明朝，岳托与济尔哈朗率右翼军夜攻大安口，毁水门而入，击败马兰营援兵于城下。

第二天，岳托见明兵扎营于山上，分兵让济尔哈朗偷袭，自己驻扎山下等待时机。这时，明军自河北遵化来支援，岳托对济尔哈朗说："我一定会打败他们的。"之后五战皆胜。

11月，岳托率右翼军与阿巴泰所率的左翼军会合于河北遵化，他们首先攻打顺义县，不久击破明总兵满桂等人。进逼明都北京，复跟随父亲代善击败明朝援兵。

12月，岳托和贝勒萨哈璘围困永平，攻克香河。岳托在进攻明朝时进退自如，多次立下战功，在爱新觉罗的第三代中脱颖而出，成为其中的佼佼者。

1630年，岳托同贝勒豪格回守沈阳。1631年3月，皇太极诏询诸贝勒："国人怨断狱不公，何以弭之？"

岳托奏："刑罚舛谬，实在臣等。请上擢直臣，

诏 也叫圣旨，是指我国古代以皇帝名义发布的公文。诏令大体上可分两大类，一是发布重大制度、典礼、封赏的文书；二是日常政务活动的文书。概括起来有制、诏、诰、敕、旨、册、谕、令、檄等。

■ 清代镂雕酸枝大椅

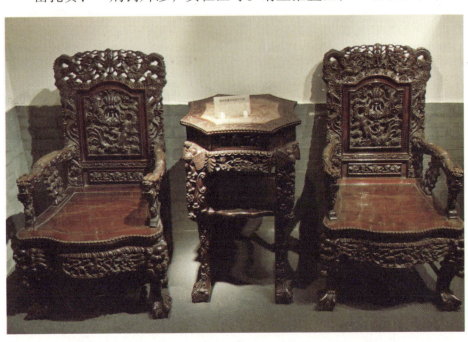

近忠良，绝谗佞，行黜陟之典，使诸臣知激劝。"

岳托应对自如，在皇太极心中留下了极佳的印象。6月，初设六部，岳托奉命掌管兵部。

7月，皇太极攻打大凌河，岳托偕同贝勒阿济格率兵两万从义州进军，与大军会师。固山额真叶臣包围了城西南，岳托为他接应。

明总兵祖大寿见大势已去，遂向后金请降，以子祖可法为人质。祖可法进入清军营地后，准备拜见诸贝勒，岳托说："作战时则是仇敌，议和了就是弟兄了，为何要拜呢？"

岳托问祖可法为何要死守空城，祖可法回答说："怕城破后受到清军的屠戮！"

岳托巧妙地回答了这个问题，说是力图瓦解明军的战斗力和抵抗，争取汉人的归顺。于是放归祖可法，当他离去时，众人都起身相送。

三天之后，祖大寿投降。岳托不仅作战有一套，

034

显赫的王府

■ 清代武将塑像

■ 清代兵部旧址

对于劝降也很有办法，谈吐也很有水平，不同于很多只重武力的满族将领。

皇太极建议攻取锦州，命令岳托偕同诸贝勒统兵四千，改着汉服，同祖大寿假作溃散的明军，夜袭锦州。那晚，恰好有大雾，不能见物，不利作战，只能作罢。

1632年正月，岳托上奏章给皇太极，大意是：

前几年攻克辽东、广宁等城时，汉人拒绝投降的人都被杀，之后又屠杀滦州、永平的汉人，所以汉人很恐惧，归顺的人也就很少。 如今，我们攻下了大凌河，正好借此机会让天下的汉人都知道我们不是一味用武力征服和屠杀，也是会善待和安抚归顺了的人民的。

臣以为这样的怀柔政策，前来归顺的汉

奏章 我国古代时期，大臣向皇帝进言或汇报事情时所使用的文书，是大臣和皇帝之间交流的主要途径。在奏章中，大臣可以向皇帝表达自己对于朝政的意见、其他事情的看法或建议等，是否认真批复奏章也是区分一位皇帝是否贤明的重要标志。

显赫的王府

清朝皇帝御帖

人必会大大增加。首先应当保全来归者的全家，不能随意将他们罚做奴隶，官府应发放钱粮赈济他们，让他们安居乐业。

倘如上天眷顾我们后金，让我们后金占有汉人的土地，仍还其家产，他们一定会心悦诚服地接受我们的统治。

应该命令诸贝勒出庄院一座，每牛录取汉男妇二人、牛一头，编为屯，人给二屯。出牛口之家，各牛录仍以官阶补偿。

而大明的诸将士远离故乡，成年累月戍守边关，害怕我们的诛戮。而今他们听说我们善待他们，就可能会来归顺我们。我们应善待降兵，不要让他们流离失所，那么人心依附，统一大业就可完成了。

皇太极对岳托的上奏非常满意。岳托的政治眼光在这件事中得到充分的表现，而这一政策也成为大清将来的国策，岳托对于大清的建立立下了大功，理应成为铁帽子王。

5月，岳托同济尔哈朗等攻打察哈尔部，行至归化城，俘获数以千计。又偕同贝勒德格类开拓疆域，自耀州至盖州南。

1633年8月，岳托又同德格类等攻打旅顺口，攻克后留兵驻守。班师凯旋回朝，太宗皇太极亲自上郊外犒劳他，并以金杯酌酒赐给他。

1634年，皇太极在沈阳阅兵，岳托率领十一旗兵，列阵20里，军容整肃，旌旗鲜明。皇太极十分高兴，并嘉许岳托，对岳托在兵部的工作也很满意。5月，岳托随从皇太极出征察哈尔，中途患病，只能先行返还。

1635年，岳托随军攻打明朝山西，又因有病留在归化城。这期间蒙古土默特部告，博硕克图汗之子俄木布遣人同阿噜喀尔喀及明朝使者到来，准备进攻后金。

岳托于是派兵伏击明使，擒住明军使者，令土默特部捕杀阿噜喀尔喀的部下。岳托选出部分土默特青年壮丁，编成队伍，立下条约，安定了一向不平静的河套蒙古各部。

岳托带着病身依旧为大清劳心劳力，立下了平定

俄木布　明末清初时期的蒙古土默特部的首领，博硕克图的儿子。1632年，皇太极西征察哈尔林丹汗，途经土默特，俄木布归降后金。不久之后，俄木布因有罪被废爵。1636年，土默特部被编为左右二翼，统归绥城将军管辖，即归化土默特旗。

■ 清代骑兵和步兵

显赫的王府

■ 清代屏风

河套蒙古各部的大功。之后与诸贝勒会师，一同返还。

1636年，皇太极称帝，改国号为清。4月，封岳托为成亲王。8月，岳托因被指控包庇莽古尔泰、硕托，以及离间济尔哈朗、豪格，众贝勒、亲王议定岳托为死罪。

但是皇太极宽恕了岳托，只是降为贝勒，罢免兵部的职务。没过多久，又重新起用，掌管兵部事务。这次的事件，很可能是权力斗争的产物，只要看被指控后各贝勒的反应就行了，虽大家都是叔伯兄弟，却想置人于死地。

岳托同他父亲代善一样，因功权过大遭人嫉妒，而皇太极也借此削弱他们的实力及离间与他人的关系，一拉一打，将代善父子牢牢控制。

1637年8月，皇太极命令左右两翼八旗军比赛射

喀尔喀 我国清代漠北蒙古族诸部的名称。初见于明代，以分布于喀尔喀河得名。喀尔喀蒙古东接呼伦贝尔，西至阿尔泰山，南临大漠，北与俄罗斯接壤。

箭，岳托表示不能执弓，皇太极再三劝说，岳托才不情愿地拉弓，但弓堕地多达五次，于是他一气之下将弓掷出很远。岳托的举动令众人吃惊不小，诸王贝勒纷纷指责岳托傲慢，应当处死，皇太极再次宽恕了岳托，降为贝子，罚银5000两。

1638年，皇太极又恢复岳托的贝勒地位。这年秋天，岳托随皇太极出征喀尔喀，可是才至博硕堆，就知扎萨克图汗已逃走，于是无功而返。

8月，岳托伐明，授予岳托扬武大将军，贝勒杜度为副，统帅右翼军；统左翼军的是睿亲王多尔衮。军队进至墙子岭，明兵已经退入堡内，在城外布置了三座营寨作为外线的防线。

岳托率军攻克了外围三寨。但是城堡坚固不易攻打，岳托采用了俘兵的建议，分兵正面佯攻，牵制明师，同时从墙子岭东西两边小道进行猛攻，连克11座

箭 又名矢，一种借助于弓、弩，靠机械力发射的具有锋刃的远射兵器。因其弹射方法不同，分为弓箭、弩箭和摔箭。箭的历史伴随着弓的产生，远在石器时代箭就作为人们狩猎的工具。传说黄帝战蚩尤于涿鹿，纯用弓矢以制胜，这是有弓矢之最早者。

■明长城烽火台

烽火台。于是左右两翼军深入关内，进行了长达5个月的掠夺。

清军共攻下60余座城，掠夺了无数人口、财物和牲畜。进抵山东，攻下济南。岳托于济南驻扎时染上天花，薨于军中。

岳托在战斗中极力使用汉军投降将士，这在当时尚属少见，不过确是一条正途，在此事上又能再次看出岳托的高瞻远瞩。他英年死于军中的确令人惋惜，但他那种鞠躬尽瘁的精神的确很值得尊敬。

1639年，多尔衮率领满载而归的远征军回到盛京，在汇报战绩时，没有岳托的名字。皇太极惊问为何，才知其早在济南去世，不禁悲痛万分，辍朝三日，以示哀悼。同时命令不要告知礼亲王代善。

等到岳托灵柩运回，皇太极亲至盛京城外的沙岭遥奠。还宫后，再次辍朝三日。诏封岳托为克勤郡王，赐骆驼五匹、马两匹、白银万两。1688年，清廷为岳托立碑记功。

显赫的王府

阅读链接

岳托执掌兵部后，诸事办理妥帖，得到皇太极的赞誉。在岳托的操持下，举行了后金国第一次声势浩大的阅兵典礼。

1634年，岳托统领满洲八旗、蒙古两旗、旧汉军一旗共计11旗行营兵，排列成5大阵营，第一序列为汉军炮兵，第二序列为满洲、蒙古旗之步兵，第三序列为满洲、蒙古旗之骑兵，第四序列为守城应援之兵，第五序列为守城炮兵，来接受后金国最高统治者的检阅。

当时，皇太极"驻马浦河冈"，检阅着军容整肃、步伐整齐且绵亘长达20里左右的后金国三军队伍，岳托则以战守纪律指示众军，响炮三声，众军呐喊如之，炮声隆隆，旌旗猎猎，八旗军声威震天。太宗大悦，特赏所有参加检阅者"每甲士银一两"。

罗洛浑奉旨建造克勤郡府

　　岳托共有7个儿子，有爵位者5人，克勤郡王世爵共传13世17王，其中3人夺爵。

　　岳托第一子也就是第二代克勤郡王罗洛浑，初封贝勒，1644年受

克勤郡王府大门

■ 克勤郡王府的石狮子

石驸马大街　石驸马大街是明代北京城内的一条老胡同名，是因明宣宗驸马石璟都尉的宅第在这里，所以称为石驸马大街。就是后来的北京西城区的新文化街。

封衔禧郡王，在1646年与肃亲王豪格征四川时去世，罗洛浑的长子罗科铎于同年袭爵，于1651年改封为平郡王，至1778年，为纪念岳托的功绩，恢复克勤郡王号。1888年加亲王衔。

清入关以后，罗洛浑奉旨在宣武门内石驸马大街建造王府。王府造得巍峨而精致，有三进庭院，正殿、配房、后花园。

现在，石驸马大街已更名为西城区新文化街，克勤郡王府就位于西口路北。这所顺治年间所建的府邸原占地面积不大，规模远不如礼、郑诸府。

从《乾隆京城全图》可以看到，克勤郡王府平面布局与王府规制尚符，正殿阔5间，前出丹墀，左右配殿阔5间，后殿面阔3间，后罩正房面阔7间。由于地处石驸马胡同，有人认为是沿用明代有功勋的皇亲国戚的旧宅，或石驸马府改建。

克勤郡王府是清廷封给岳托后人的三处府邸之一，规模是最大的，东与罗科铎第三子诺尼的贝勒府相邻。克勤郡王的后代习惯把西边的平郡王府称为"西府"，把东边诺尼的贝勒府称为"东府"。

西府的面积比其他铁帽王府要小，但布局紧凑合理，建筑精致。中轴线上建有大影壁、府门、银安殿、东西翼楼、后罩楼等建筑。

西路前后还有三进院落。东路则由五个大小院落组成，有茶房、大小书房、祠堂、花房等，还有护卫、太监、奶妈居住的房屋等。

克勤郡王家族好金石收藏，秦汉青铜器、汉唐碑碣石刻拓本、石画、字帖和古玉、陶片最多，室内陈

罗科铎 衍禧郡王罗洛浑的儿子，后袭爵位，1651年改封号为平郡王。1658年，跟随信郡王多尼征伐云南，屡破明朝将领李定国、白文选。1659年，顺治帝赐予蟒衣、弓刀、鞍马等，表彰他的军功。1682年死，谥曰比。他的儿子纳尔图袭爵位。

■ 克勤郡王府围墙

043

巍峨精致

克勤郡王府

设都是古玩字画。当时的克勤郡王书法巧妙绝伦，闻名朝野。

但到了20世纪初，最后一代克勤郡王晏森将王府售给了熊希龄为住宅。而晏森自己则搬到了宗帽胡同居住。

阅读链接

21世纪初，克勤郡王府修葺一新，恢复了昔日风貌。府路南影壁尚存，府前部只存东翼楼。后部的内门、后寝与东西配房、后罩房均保存完整。西部跨院也存大部原有建筑。

克勤郡王府原来被用作石驸马二小的校园，王府的修葺完工以后，石驸马二小便更名为第二实验小学。昔日的王府里，传出朗朗的读书声，古色古香的教室里都装有现代化的空调等设施。

克勤郡王府的大门，青砖对缝，鲜红的油漆彩画非常耀眼，工程基本复原了王府的旧日景象，阳光在仿古的屋脊上留下斑驳的树影，时光流逝，人物全非。

恭王府

恭王府坐落于北京什刹海畔，它历经了大清王朝乾隆、嘉庆、道光、咸丰、同治、光绪、宣统七代皇帝的统治。

这座王府如一面镜子，见证了清王朝由盛而衰的历史进程，承载了极其丰富的历史文化信息，故有"一座恭王府，半部清代史"的说法。

由和珅府邸到恭王府的变迁

　　恭王府坐落于北京内城前海西街17号，左依什刹海，背靠后海，整个府邸总计占地约5.3万平方米，相当于中山公园的一半，因它的清代最后一位府主恭忠亲王奕䜣而得名。

　　目前府邸内，和珅宅第时期代表性的建筑主要有两处：一为"嘉乐堂"，是后来府邸中路的最后一进正厅，5开间，大门正上方现悬有

■恭王府内嘉乐堂

"嘉乐堂"匾额，传为乾隆帝御笔亲题。

■ 曾是和珅宅邸的
恭王府

另一个是"锡晋斋"，原名"庆宜堂"，源于乾隆所赐的"庆颐良辅"匾额。锡晋斋是西路院落最后一进的正厅，7开间，前后出廊，后檐带抱厦5间。正厅的东西北三面是两层的楼，上下安装了雕饰精美的楠木隔段。

虽然恭亲王是这座府邸的最后一任府主，但这座宅院却并不是为他而特地新建的。

这所宅院的始建者是清朝乾隆时期权倾朝野的大学士、臭名昭著的大贪官——和珅。和珅出身满洲正红旗，姓钮祜禄氏，十分善于言词，深受乾隆皇帝的宠信，历任御前侍卫、正蓝旗满洲副都统、太子太保、军机大臣、御前大臣、议政大臣、户部尚书、领侍卫内大臣、镶蓝旗满洲都统、四库馆正总裁、大学士等职，并被封为一等忠襄公。

和珅（1750年～1799年），曾兼任多职，为皇上宠信之极，官阶之高，管事之广，兼职之多，权势之大，清朝罕有。他还是乾隆的亲家翁，其子丰绅殷德被指定为皇上最宠爱的十公主的额驸。和珅后被嘉庆皇帝赐死。

■ 恭王府内的嘉乐堂匾额

丰绅殷德（1775年～1810年），自号天爵道人，乾隆时期权臣和珅的长子，钮祜禄氏，满洲正红旗人。1780年，乾隆帝赐名丰绅殷德，指其为固伦和孝公主的额驸，历官御前大臣、护军统领兼内务府总管大臣、总理行营事务等。

甚至，乾隆皇帝还将自己最宠爱的的十公主固伦和孝公主赐婚给和珅的儿子丰绅殷德。和珅用他聚敛的大量钱财修建了府第，无论在规模上还是豪华程度上都不亚于后来的恭王府。

如今，恭王府中的"锡晋斋""葆光室""嘉乐堂"等建筑据说就是和珅时期留下的。

和珅死后，这座府第被一分为二，一部分仍由和珅的儿子丰绅殷德与和孝公主居住，另一部分则被赐给了嘉庆皇帝的兄弟庆郡王永璘。

永璘是乾隆的第十七子，他对和珅的宅邸心仪已久。据说在做皇子的时候，诸王兄弟聚会，说到和珅都十分痛恨，纷纷表示今后要将其绳之以法，只有永璘说："我没有什么大的志向，只希望日后分府的时候能够得到和珅的宅子我就心满意足了。"一位皇子竟将得到和珅的宅邸当作自己的最大愿望，足以说明此宅的华贵。嘉庆登基后，扳倒了和珅，果然将其府邸赏给了永璘。

在永璘住进去之前，内务府按照郡王府的规制进行了改建。由于府内还居住乾隆最小的女儿固伦和孝公主和只准在京闲住的散秩大臣、额驸丰绅殷德，庆王永璘只能占用一半或多一半作为府邸。这样，这座宅第也就因此一分为二，西为庆亲王府，东为公主府。

1823年和孝公主死去，整座府邸才全归了庆亲王所有。而丰绅殷德于1815年死去，这时永璘已经死去3年多了。

按照清制，除世袭罔替的王外，亲王、郡王需递降等级承袭，当世袭递降到与原封爵所赏赐的府邸不相符合时，皇家如果需要，可以收回原来府邸，根据现有封爵另行赏赐。永璘于1820年临终前才得亲王称号。

永璘病卒后，其子绵愍降袭郡王。1836年，绵愍卒，继子奕綵袭郡王爵。但他于1842年以服中纳妾交宗人府议处，其向宗人府官员行贿之事又被道光皇帝知道了，而被革爵退回本支。以永璘第五子镇国公绵悌奉永璘祀，后又生事，降至镇国将军。

恭王府内的葆光室匾额

■ 亲王骑马画像

奕䜣（1833年~
1898年），道光
帝第六子，咸丰帝
同父异母兄弟，
道光帝遗诏封
"和硕恭亲王"。
清末洋务派，总
理衙门首领，保
守派对其部称
"鬼子六"。身后
谥"忠"。

奕劻（1833年~
1898年），清
末大臣。爱新觉
罗氏。乾隆帝第
十七子永璘的孙
子，辅国公绵性
长子。1898年慈
禧太后封世袭罔
替庆亲王。清末
新政时期领班军
机大臣，废军机
处后，首任内阁
总理大臣。

1849年，绵悌卒，以永璘第六子绵性之子奕劻为后，承袭辅国将军。辅国将军级的奕劻已不适合住在原来的庆郡王府内，于是，他遵照内务府的安排，迁往定阜大街原大学士琦善的空闲宅第中。

1851年，咸丰帝封同父异母的弟弟奕䜣为恭亲王，同年，将辅国将军奕劻的府邸赏给奕䜣居住。1852年，奕䜣迁入府邸。奕䜣在迁入府邸之前，内务府在原庆郡王府的基础上进行了整修，以便更符合亲王规制。

府邸的中路轴线上有两进宫门：一宫门，即王府的大门，3开间，前有石狮一对。二宫门5开间，二门内就是中路正殿及东西配殿，这是王府最主要的建筑，只有逢重大节日、重大事件时方打开。由于府主的一次不慎失火，正殿和东西配殿现已无存。其后为5开间硬山顶前出廊的后殿及东西配殿，后殿即为"嘉乐堂"。

东路轴线上后来只剩下两进院落，正房和配房都是5开间硬山灰筒瓦顶，头进正厅名为"多福轩"，用小五架梁式的明代建筑风格，是奕䜣会客的地方；后进正厅名为"乐道堂"，是奕䜣的起居处。

西路建筑小巧精致，中进院正厅5开间，名为"葆光室"，两旁各有耳房3间，配房5间；后进院正厅即是"锡晋斋"，东西配房各5间，东房名为"乐古斋",西房名为"尔尔斋"。

在葆光室和锡晋斋之间,为"天香庭院"。再往后,便是收三路院落为尽头的后罩楼。后罩楼高两层,呈门型,东部为"瞻霁楼",西部为"宝约楼",东西贯连100多间房屋。

恭王府花园名叫萃锦园,正门坐落在花园的中轴线上,是一座具有西洋建筑风格的汉白玉石拱门,名为"西洋门"。门额石刻:外为"静含太古",内为"秀挹恒春"。门内左右都有青石假山。

正对着门耸立的是一长型太湖石,谓为"独乐峰",其后为一蝙蝠型水池,称"蝠池","蝠"寓"福"也。园内也基本分作东、中、西三路。

和珅自称是万福之人,因此特别中意"福"字,蝙蝠就是取"福"字的意思。据不完全统计,恭王府内有9999只蝙蝠样式的雕刻和装饰,建于石山上的蝠

石刻 是造型艺术中的一个重要门类,在中国有着悠久的历史。石刻属于雕塑艺术,是运用雕刻的技法在石质材料上创造出具有实在体积的各类艺术品。我国古代石刻种类繁多,古代艺术家和匠师们广泛地运用圆雕、浮雕、透雕、减地平雕、线刻等各种技法创造出众多风格各异、生动多姿的石刻艺术品。

■ 恭王府内建筑

■ 恭王府锡晋斋

厅更像一只展翅的蝙蝠，中厅像蝙蝠的身子，侧厅像蝙蝠的翅膀。

中路轴线上在"蝠池"之后就是一座5开间的正厅，名为"安善堂"。东西配房各3间，东配房为"明道堂"，西配房为"棣花轩"。

安善堂后为众多太湖石形成的假山，山下有洞，名曰"秘云洞"，恭王府的"福"字碑为康熙御笔之宝，就隐于密云洞中。

"福"字碑，高约1米，谓之"洞天福地"。康熙皇帝亲笔所书的这个"福"字，刚劲有力，颇具气势，右上角的笔画像个"多"字，下边为"田"，而左偏旁极似"子"和"才"字，右偏旁像个"寿"字，故整个"福"字又可分解为"多田多子多才多寿多福"，巧妙地构成了福字的含义，极富艺术性，且意味深长。更为珍贵的是碑的右上方，刻有康熙的玉玺以镇福，因此，此"福"字被誉为天下第一福。

关于"福"字有个传说，说康熙为了给母亲治

蝙蝠 由于蝙蝠的"蝠"字与福气的"福"字谐音，因此在中华文化中，蝙蝠是幸福、福气的象征，蝙蝠的造型也经常出现在很多中华传统图案中，如"五福捧寿"就是五个艺术化的蝙蝠造型围绕着一个"寿"字图案。

病，写了个"福"字，母亲拿到字后身体日渐恢复。

后来"福"字失踪，在和珅被抄家时，发现被刻在恭王府的石碑上，石碑连着山底，上盖着房子，山成两条龙的形状，如果把"福"取走，只有把山拆掉，但山上有两条龙，就是说"山倒龙倒皇帝倒"。"福"字最终没被取走，永远留在了恭王府中。

假山上有3间敞厅，名为"邀月台"。中路最后有正厅5间，其状如蝙蝠之两翼，谓为"蝠厅"。

东路第一进院落有垂花门，门的右前方有亭，是为"流杯亭"。垂花门内有东房8间和西房3间，院北即为"大戏楼"。

西路最前面有一段20多米左右的城墙，其门称"榆关"。榆关内有3间敞厅，名为"秋水山房"，东面的假山上有方亭一座，名为"妙香亭"，西侧有西房3间，名为"益智斋"。

榆关正北有方形大水池，池心有水座3间，名为"观鱼台"。池北有5开间卷房，名曰"澄怀撷秀"，其东耳房为"韬华馆"，西耳房已不存。

恭王府在鼎盛时期，府中除了王爷和王族成员以及法定官员外，还有众多的差役、管事。分别为：佐领处20多人，管理领取、发放钱粮等事。每季要到禄

假山 园林中以造景为目的，用土、石等材料构筑的山。从我国现存的皇家园林到私家园林，无一例外都有假山的堆筑。石质假山和土质假山的堆筑，以它特有的美的方式表达出来，成为表现我国自然山水园的特征之一。

■ 恭王府内康熙御笔"福"字碑

显赫的王府

■ 恭王府内拱门

米仓去领取王爷禄米700余担，每担150斤，一年合42万斤，并发放佣人工资，每人最多不超过5两银子。

随侍处10余人，管理府内日常杂事，此外就是接迎王爷。王爷外出，他们穿上官服，在府门外排班跪送。王爷回府时，站在大门外排班迎接。

王府设有庄园处来专门管理王府所拥有的土地，每年收租一次。王府收租在八月节之后，庄园处20多人全要下去收租，还要从内账房、外账房、管事处、回事处抽人，每次收租人员达100多人。

这些人分头到各县，先给县官送一份礼物，由县里或打或罚，限期交款。恭王府每年的地租收入大约是18万元现洋。

恭王府后来的主人奕䜣，是道光帝第六子，咸丰帝异母凶弟。他是咸丰、同治、光绪三朝的名王重

禄米 用作俸禄的粟米，古代官员俸禄，以米粮计算，故称"禄米"。清代发俸银与禄米两种，按不同身份和职司可分为八大系列。每年春秋两季发给，春季以正月二十为限，秋季以七月二十为限。

臣，洋务运动的领导者，为中国近代工业创始和中国教育的进步做出了贡献。

奕訢是晚清新式外交的开拓者，建议并创办了中国第一个正式外交机关，即总理各国事务衙门，使清朝外交开始步入正轨并打开新局面。他积极出谋献策镇压太平天国起义，挽救清朝危局，迎来同治中兴。

然而奕訢命运坎坷，他支持慈禧太后北京政变，得到了委以重任的报答，但随即而至的是慈禧太后的不安和打击。后期他在统治集团内部浮浮沉沉，意志消沉，无所建树。

1851年，奕訢封恭亲王。1853年在军机大臣上行走。1854年，连封都统、右宗正、宗令。

1855年其母孝静成皇后去世，奕訢为其母争封号，被免去军机大臣、宗令、都统的职位，1857年才恢复他的都统，1859年又授内大臣。

地租 指凭借土地所有权从土地使用者那里获取的收入，租给别人使用的权利，土地所有权在经济上的实现形式。在春秋战国时期，自中原地区开始，劳役地租逐渐衰落而被实物地租取代，残余却保持到清末，有的到民国年间。

■ 恭王府趣园

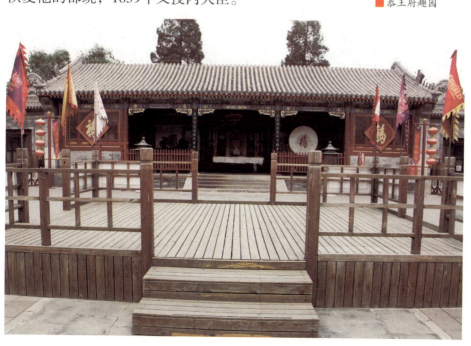

洋务运动 又称自强运动，是指1861年至1894年，清朝政府内的洋务派在全国各地掀起的"师夷之长技以自强"的改良运动。洋务派主张利用官办、官督商办、官商合办等方式发展新型工业，增强国力，以维护清政府的封建统治。对中国迈入现代化奠定了一定基础。

1860年，英法联军进攻北京，咸丰帝逃往承德，奕䜣临危受命，担任议和大臣。9月15日、16日，奕䜣分别与英使、法使签订《中英北京条约》和《中法北京条约》，挽救了清王朝的命运。

奕䜣主持议和以及进行的大量的善后事宜赢得了西方对他的好感，为他以后外交活动创造了条件。在议和期间他笼络户部侍郎文祥、文华殿大学士桂良、总管内务府大臣宝鋆、副都统胜保，形成了一个新的政治集团。这是他通过议和捞到的政治资本。

1860年12月初，奕䜣、文祥、桂良上《通筹夷务全局酌拟章程六条折》，分析了各列强国特点，认为太平天国和捻军是心腹之患，英、俄是肢体之患，应以灭内患为先，然后对付俄国和英国。这媚外之策为后来借师助剿、镇压太平天国奠定了理论基础。

根据奕䜣自己的观察，他认为外国人并非"性

■ 恭王府蝠厅

■ 恭王府银銮殿

同犬羊"，英国"并不利我土地人民，犹可以信义笼络"。清政府把列强只当作"肢体之患"，认为"可以信义笼络"。

折子还提出要成立总理各国事务衙门；设南北口岸管理大臣；添加各口关税；要求将军督抚办理国外事件互相关照，避免歧误；要求广东、上海各派两名懂外语的人到京以备询问；将各国商情和报纸汇集总理处。

12月10日，总理各国事务衙门设立，出现了军机处以外的另一中枢政府机构。自此，清朝有了专门的外事机构，使清代的外交产生重大突破。衙门还领导了后来的洋务运动。

咸丰帝去世后，奕䜣成为实力派人物。1861年，他协助慈禧太后，发动了辛酉政变，处治了咸丰帝临终前立的8个顾命大臣——载垣、端华、肃顺、景寿、穆荫、匡源、杜翰、焦佑瀛。

衙门 旧时称官署为衙门。其实衙门是由"牙门"转化而来的。衙门的别称是六扇门。猛兽的利牙，古时常用来象征武力。"牙门"系古代军事用语，是军旅营门的别称，营中还出现了旗杆端饰有兽牙、边缘剪裁成齿形的牙旗。于是，营门也被形象地称作"牙门"。

显赫的王府

■ 恭王府佛楼

其中，怡亲王载垣和郑亲王端华被勒令自尽，大学士肃顺被斩首示众，军机处里原来的顾命大臣穆荫、匡源、杜翰、焦佑瀛全部被免职，换成文祥等人，全面控制了中枢机关。

由于奕䜣在辛酉政变中的出色表现，他被授予议政王大臣，在军机处担任领班大臣。从咸丰帝授权恭亲王办理与各国换约事宜的上谕同治元年开始，他又身兼宗人府宗令和总管内务府大臣，从而控制皇族事务和宫廷事务大权。他以总理各国事务衙门大臣的职务主管清王朝外交事务，自此总揽清朝内政外交，权势赫赫。

19世纪60年代至90年代，为了求强求富，增强镇压太平天国和抵御外侮的能力，奕䜣支持曾国藩、左宗棠、李鸿章等大搞洋务运动，以兴办军事工业为重点，也兴办民族工业，近代工业从此起步。

曾国藩（1811年～1872年），晚清重臣，湘军的创立者和统帅者。清朝军事家、理学家、政治家、书法家、文学家，晚清散文"湘乡派"创立人，洋务运动主要领导人之一，晚清"中兴四大名臣"之一。

为洋务事业，兴办新式学校，派出留学生，促进近代教育事业发展。奕䜣奏请两宫皇太后重用曾国藩，与列强极力维持和局，借师助剿，终于镇压了太平天国，赢得了同治中兴，奕䜣获得"贤王"美称。

奕䜣是洋务派领袖，但他为清流派所鄙视，被称为"鬼子六"。奕䜣支持曾国藩等办洋务，但他又主张削弱地方势力，引起湘淮势力的不满；奕䜣办洋务，引发清廷中倭仁等顽固派不满；由于奕䜣权力受限，不能满足列强的要求，列强对他也开始不满。

慈禧太后利用了奕䜣，也给予了奕䜣巨大权力。但随着奕䜣地位高升和声名鹊起，恭亲王奕䜣又引起了慈禧太后的不安。于是慈禧太后利用一切机会对他进行打击，使奕䜣一直浮浮沉沉。

1865年，编修蔡寿祺弹劾奕䜣，说他揽权纳贿，徇私骄盈，太后命令查办，就以其目无君上，免去议政王和其他一切职务。朝中大臣求情，慈禧太后才允许他在内廷行走，并管理总理各国事务衙门，但免去了议政王职务。这是奕䜣遭受的第一次打击。

1869年，奕䜣支持杀掉慈禧太后亲信安德海，为慈禧太后所恨。1873年，奕䜣劝谏同治帝不要修整圆明园，触怒了慈禧太后。1881

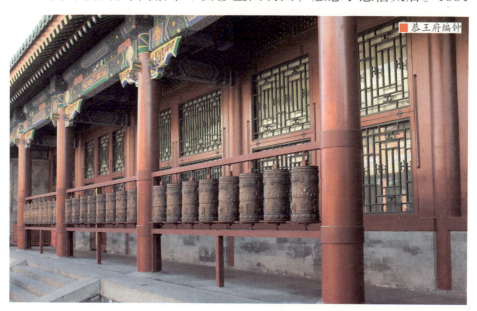

恭王府编钟

年，慈禧太后去世，奕䜣更为孤立。反复浮沉磨平了奕䜣往日的棱角，挫伤了他的锐气，遇到大事他提不出应对的策略。

中法战争中，奕䜣为首的军机处对于战与和拿不定主意，军队节节败退。1893年，慈禧太后借口奕䜣"委靡因循"免去他的一切职务，奕䜣集团全班人马被逐出军机处和总理各国事务衙门。

1894年，清廷又起用奕䜣为总理衙门大臣，并总理海军，会办军务，内廷行走，但毫无作为。1898年奕䜣病故，终年66岁，谥"忠"。奕䜣病逝以后，王爵由奕䜣次子载滢之子溥伟为载澂嗣承袭，继续住在府中，其胞弟溥儒携眷住在园中。

清室覆亡后，小恭亲王溥伟于1914年住到青岛开始从事复辟活动。由于开支巨大，年年入不敷出，溥伟不得不将所绘王府蓝图做抵押，无法偿还巨额债款，府邸部分则全部抵给了教堂。后由有教会背景的辅仁大学，用108根金条代偿了全部债务，府邸的产权遂归了辅仁大学。

辅仁大学将府邸部分作为女院，并把后罩楼通向花园的通道砌死，府邸和花园开始分隔开了。"七七事变"后，溥儒也将花园部分地面建筑卖给辅仁大学。

辅仁大学将大戏楼改为小型礼堂，并将花园中的花房和花神庙拆掉，建起了司铎书院楼。自此，花园成了辅仁大学神职人员居住和活动的地方。

阅读链接

新中国成立后，恭王府作为北京艺术师范学院校舍及中国艺术研究院办公和教学地点。1982年被国务院列为全国重点文物保护单位，1982年建立修复管理机构。

1988年6月，恭王府花园部分对外开放。2008年经修复后全部对外开放，恭王府目前是我国首个王府博物馆。

保存最完整的清代王府

　　恭王府前半部是富丽堂皇的府邸，后半部为幽深秀丽的古典园林。其府邸建筑庄重肃穆，尚朴去华，明廊通脊，气宇轩昂，仅次于帝王居住的宫室。

　　恭王府府后的萃锦园衔水环山，古树参天，曲廊亭榭，富丽天

恭王府建筑布局模型

显赫的王府

■恭王府大门

四合院 华北地区民用住宅中的一种组合建筑形式，是一种四四方方或者长方形的院落。一家一户，住在一个封闭式的院子里。四合院建筑，是我国古老、传统的文化象征。"四"代表东西南北四面，"合"是合在一起，形成一个口字形，这就是四合院的基本特征。

然；其间景致变化无常，开合有致，实为我国园林建筑的典范。

恭王府南北长330米，东西宽180米。作为清朝皇族的古建园林，由府邸和花园两部分组成，总占地面积约6万多平方米，其中府邸约3.2万平方米，花园占地2.8万平方米。

恭王府内的建筑分东、中、西三路，由南向北都是以严格的中轴线贯穿着的三进四合院落组成，布局分明；东路去朴尚华、中路庄严肃穆、西路古朴典雅，三路自成一体又和谐统一。

在这些房屋中既有体现皇家气派和威严的建筑，又有来自民间精巧的建筑和装饰风格，构成了王府文化的最大特点。花园融江南园林与北方建筑格局为一体，汇西洋建筑及我国古典园林建筑为一园。

恭王府既是清代王府建筑的重要代表之一，也是中国传统建筑及造园技艺最成熟时期的重要表现。

王府的正殿，俗称"银安殿"，是王府内举行重要礼节性活动的场所，在殿内中心位置摆放一组屏风和亲王的宝座。与故宫的金銮殿相对应的。

最初的银安殿连同东西配殿在内的整个院落，于1921年农历正月十五元宵节夜因烧香失火被毁。

银安殿是按照当时严格的清廷建筑规制、王府建筑中的最高规格屋顶——歇山顶，修复而成的。王府正殿的屋顶覆盖绿色琉璃筒瓦，屋脊上绿色琉璃吻兽，配殿屋顶为灰筒瓦，这是明示亲王的地位。

在古建筑里，门钉只在板门上使用。当初用来提防敌人用火攻城，所以在涿弋上涂满了泥，起防火作用。门钉一般是铜制的。清朝则对门钉的使用有一定的规制。皇家建筑，每扇门的门钉是横竖各九路，一共是九九八十一个钉。

九是阳数之极，象征帝王最高的地位。因为帝王庙是供奉历代帝王的，所以也是横竖九路门钉；王府

金銮殿 是北京故宫三大殿中的太和殿，俗称金銮殿。是皇帝登基和举行大典的地方，是世上最高的重檐庑殿顶建筑。1420年建成。初名为"奉天殿"，1562年更名为"皇极殿"。"皇极殿"一直沿袭使用到清军入关后第一个皇帝顺治帝，1645年始改称为今名的"太和殿"。

■ 恭王府银安殿

匾额 是古建筑的必然组成部分，相当于古建筑的眼睛，也就是悬于门屏上的牌匾。其含义就是悬挂于门屏上作装饰之用，反映建筑物名称和性质，表达人们义理、情感。但也有一种说法认为，横着的叫匾，竖着的叫额。

七路乘七路，但是亲王府七路乘九路；再往下就是五路乘五路。

东路前院正厅名 "多福轩"，此院俗称 "藤萝院"。正殿在和珅时期称 "延禧堂"，是和珅之子与公主的居所。恭亲王时期称 "多福轩"，是王府的穿堂客厅，主要用于主人日常接待来客、亲友或前来回禀公事的下属，兼用作存放皇帝送来的礼物。

"多福轩" 的匾额为咸丰皇帝所题。殿内正中悬挂 "同德延禧" 匾额，"禧" 有吉祥如意、福寿绵长之意。殿内四壁靠近天花板的地方皆悬挂福寿字匾，这些福寿字均写于红色方纸之上呈菱形摆放，一福一寿成对制成匾额。

屋梁上有保留下来的乾隆时期的凤和玺彩画，虽然仅残留局部的凤尾图案，却有特殊的价值，它的存在证实了府邸东路曾为公主府。

乐道堂是东路建筑中最大的一处，也是最后一进

■恭王府乐道堂

■ 恭王府多福轩内
的匾额

院落，正房名"乐道堂"。室内梁上至今保存了200
多年前清中期和珅彩画和凤凰主题彩画，表明和珅时
期这里曾是公主的居所。到了恭亲王时期这里是王爷
的居室。现在室内按恭亲王居住时的原样陈列。

"乐道堂"的匾额是道光帝亲笔所书赐给奕訢
的，"安身乐道"表达了一位父亲希望儿子顺心如
意、幸福吉祥的美好心愿。

乐道堂之后的嘉乐堂是和珅时期的堂号，"嘉乐
堂"此匾相传是乾隆赐给和珅的。恭亲王时期为"神
殿"，即王府举行萨满教祭祀活动的地方。

府邸西路的四合院较中、东路更为精致，主体建
筑为葆光室和锡晋斋，此路建筑初为和珅的住所。

"葆光室"在和珅和庆郡王时期据推测应为客厅
之用，在恭亲王时期，是一处比多福轩更为私密的客
厅，能来这里的应该都是王爷的至亲好友。1852年，
咸丰帝陪奕訢的生母前来探望恭亲王的新府时，在此

和玺彩画 又称宫
殿建筑彩画，这
种建筑彩画在清
朝时期是一种最
高等级的彩画，
大多画在宫殿建
筑上或与皇家有
关的建筑之上。
和玺彩画根据建
筑的规模、等级
与使用功能的需
要，分为金龙和
玺、金凤和玺、
龙凤和玺、龙草
和玺和苏画和玺
等五种。

■ 恭王府锡晋斋

停留并题写了"葆光室""多福轩"匾额。

"锡晋斋"是府邸西路的最后一进院落，因为"天香庭院"的匾额而得名，"天香庭院"为慎郡王所题，院内正房锡晋斋不仅是恭王府建筑中的精品之作，其精美程度在整个京城的清代居室建筑中也是数一数二的。

锡晋斋面阔7开间，前后出廊，后檐带5间歇山顶抱厦，平面成"凸"字形。内部正中的3开间是敞厅，而东西北三面都有两层仙楼，上下安装了雕饰精美的楠木隔断，名贵的金丝楠木千年不朽，高超的木雕工艺精美绝伦。

殿内铺地为清代故宫都不多见的方块花斑子母石。天花板高达屋梁下，为海墁天花，色彩艳丽。柱础为覆莲柱础，雕刻之精美为恭王府所仅见。

据说，当时和珅特意买通太监去查看故宫的建

慎郡王（1711年~1758年），名允禧，是康熙帝的第二十一个儿子，雍正时封贝勒，乾隆期间晋升为郡王。是清朝皇族中书画造诣最高者，也是清代著名画家、书法家、诗人。

筑，然后命令工匠完全仿照故宫宁寿宫的格局施工，屋内隔断用金丝楠木打造。

历史上金丝楠木专用于皇家宫殿、少数寺庙建筑和家具，古代帝王龙椅宝座都要选用优质楠木制作。

恭王府花园又名萃锦园，园内布局、设计具有较高的艺术水平。造园模仿皇宫内的宁寿宫。全园以"山"字形假山拱抱，东、南、西面均堆土累石为山，中路又以房山石堆砌洞壑，手法颇高。山顶平台，成为全园最高点。居高临下，可观全园景色。

恭王府的"三绝一宝"是最著名的景点，园内的"罩楼"是恭王府的第一绝，所谓"绝"是指其长度为各清代王府建筑规制中后罩楼之最，且楼的后沿墙上层有形状各异的砖雕什锦窗44扇。

罩楼为两层，每层45间，两层共计90间，拐角处有10多间未计在内，全长150多米，是国内王府类建

抱厦 我国古代建筑术语。是指在原建筑之前或之后接建出来的小房子。也就是围绕着厅堂、正屋后面的房屋。顾名思义，在形式上如同搂抱着正屋、厅堂。宋代管这样的建造形式的殿阁叫作"龟头屋"，清代时的叫法就是"抱厦"。

■ 恭王府锡晋斋内摆设

什锦 四川的蜀锦是非常有名的，大约在宋朝的时候，四川给皇帝进贡的东西里面，有"十样锦"，就是十种花纹的织锦，每种都有各自的名字，后来就把不同花色的相同类型的东西称作"什锦"，即"十样锦"的简称。现在也把不同类型的相似的东西的混合体叫什锦。

筑最长的楼，被形容为"九十九间半"。"九十九间半"一说取紫禁城9999间的尾数，另说"谦受益、满招损"，百为满。

后檐墙上每间上下两层各开一扇窗，下为长方形，二层的窗户形式各异，竟然没有一扇是相同的，有圆形、方形、石榴形、卷书形、磬形、鱼形、蝙蝠形等等，寓"福庆有余"之意，人称"什锦窗"。

据说罩楼是和珅的仓库，称"藏宝楼"，当年内藏金银财宝、珍珠玉器、绫罗绸缎不计其数。乾隆皇帝死后，嘉庆皇帝降旨逮捕和珅，宣布和珅二十大罪状。抄得和珅的财产有多少，有不同的版本，不同抄家的清单，最多的记录抄没他的全部家产约有10亿两白银。当时清政府一年的总收入才7000万两，相当于10多年的国库收入之和。

和珅的家产比同时期法国国王路易十四多40多

■ 恭王府后罩楼

■ 恭王府后罩楼

倍，是当时当之无愧的首富。当时流传"和珅跌倒，嘉庆吃饱"。

恭王府花园的正门西洋门就是第二绝，造型采用舒展流畅的西洋风格，是建筑中的精品。它仿圆明园的大法海圆门制，由于圆明园已在1860年时被英法联军烧毁，所以这道门是流传至今保存最完好的汉白玉石拱门，因为两边的转花纹和花窗很有西洋建筑的味道，所以叫西洋门。

西洋门是恭亲王奕訢时期建造的，恭亲王奕訢是洋务运动的倡导者之一，他希望通过学习西方国家先进技术来拯救清王朝。门额石刻外为"静含太古"，内为"秀邑恒春"，取喧闹中存太古之幽静、满园秀色永为春的意境，是主人建园的指导思想。

进门迎面而来的是一块巨大的太湖石，名"独乐峰"，传为恭亲王奕訢离园时所刻。这块秀丽的巨石

圆明园 坐落在北京西郊海淀区，始建于1707年，由圆明园、长春园、绮春园三园组成。有园林风景百余处，建筑面积约16万平方米，是清朝帝王在150余年间创建和经营的一座大型皇家宫苑。圆明园有"万园之园"之称。1860年，遭到英法联军的洗劫和焚毁。

■ 恭王府西洋门

影壁 也称照壁，古称萧墙，是我国传统建筑中用于遮挡视线的墙壁。影壁也有其功能上的作用，那就是遮挡住外人的视线，即使大门敞开，外人也看不到宅内。影壁还可以烘托气氛，增强住宅气势。影壁可位于大门内，也可位于大门外，前者称内影壁，后者称外影壁。

高5米，不但点缀了园内景色，又起到了我国传统的住宅建筑中"影壁"的作用，挡风水，使福气不出浊气不入。

抬头仰望，只见"乐峰"二字，而"独"字隐于石的顶端，这种方法耐人回味。"独乐峰"由于多年风化已经形成一种自然美，像软水漩涡，像淡云舒卷，古朴典雅而又富有诗情画意。

据说此石为和珅在南方所见，因其正面看像鱼，而背面看像送子观音。当时和珅膝下无子，于是将此石立于园中，不久便得了儿子。

绕过"独乐峰"这块大石，视野豁然开朗，正中有一凹形的水池，因形似蝙蝠名为"蝠池"，"蝠"与"福"同音，有祈福的寓意。池四周种植榆树，又叫"摇钱树"。每年春末，榆钱纷落蝠池，寓意"福财满池"。"福"和"财"共佑主人吉祥富贵。为了福财不外流，所以蝠池的水为死水。

蝙蝠的"蝠"与"福"同音，所以王府的墙壁上、栏杆上、花园里、屋顶上……到处都雕刻着或描画着蝙蝠。

旁边的小桥原为木桥，似虹卧波，横跨于园中小河与蝠池，冬季曾有圈养的仙鹤伫立其上，就木取暖。

正面是主人接待外宾的地方，叫安善堂。中路上的正房均应为南房，在此却为北房。因为有句话叫"前出廊后出厦"，指前有走廊，后出厦是和房子连在一起的一面连房三面抱柱的亭子。此房正面朝北，正对着康熙的福字碑，以表尊敬。

流杯亭，又名沁秋亭，是主人约文人雅士们饮酒的地方。流杯亭取东晋大书法家王羲之的《兰亭集序》中"曲水流觞，修禊赏乐"之意，"曲水"指亭内青石地面上刻有约10厘米宽的弯弯曲曲的流水渠道，水源就是假山后的二龙戏珠古井，"觞"是古人喝酒用的四角酒杯。

地上的水渠东西看像流水的水字，南北看像长寿的寿字，取长流寿长有之意，也

雕刻 对雕、刻、塑三种创制方法的总称。指用各种可塑、可雕、可刻的硬质材料创造出具有一定空间的可视、可触的艺术形象，借以反映社会生活，表达艺术家的审美感受、审美情感和审美理想的艺术。

■ 恭王府独乐峰

叫水寿亭。主人坐北朝南是正座，他脚下是收水口，也叫收财口，水不能停也不能浪费，要顺着地下的管道一直流到刚才看到的聚宝盆蝠池里，肥水不流外人田。

还有人说，流水出口的位置坐北朝南，主人和珅就坐在这里。过小寿的时候，杯子停到哪位客人跟前，客人就把备好的礼单放在杯中，最后杯子漂到和珅跟前，和珅在出水处坐收财礼。

亭内外装饰彩画，画面逼真，北面是《二十四孝》中的小故事。亭子旁边是矮竹篱隔的一块菜地，称艺蔬圃，是当年和珅仿皇上"亲耕"的地方。过去八旗子弟有朝廷的俸禄，不事劳作，所以皇帝给大家做一个表率。

菜园的北侧是一处设计精巧的中式小院——怡神所，院正中是一道垂花门，雕刻得极为精细，两边短柱像倒垂的花苞要迎风怒放，整个门像佛祖戴的毗卢

■恭王府假山龙头

■ 恭王府沁秋亭

帽，是等级最高的"毗卢帽式"垂花门，只有皇家专用，所以是和珅逾制的死罪。门前东边两棵珍贵的龙爪槐据说有三五百年历史了。

进入垂花门，小院布局严谨，西厅为"明道斋"，曾挂康熙所书"怡神所"匾额，东为香雪坞，是女主人的休息处，有许多翠竹，相传这就是《红楼梦》潇湘馆的原型。

再往里是牡丹院，院内种有牡丹和紫藤萝架，牡丹是花中之王富贵的象征，而紫藤花开一串一串的，象征子孙兴旺。

院子北边就是著名的大戏楼，是恭王府的第三绝。建于同治年间，是恭亲王及其亲友看戏的场所。建筑面积685平方米，可容纳200多人，高大宏伟，气势不凡。

戏楼内厅堂很高大，分三部分，一是戏台、后

《二十四孝》全名《全相二十四孝诗选》，是元代郭居敬编录，一说是其弟郭守正，另一种说法是郭居业撰。由历代二十四个孝子从不同角度、不同环境、不同遭遇行孝的故事集而成。由于后来的印本大都配以图画，故又称《二十四孝图》。为中国古代宣扬儒家思想及孝道的通俗读物。

显赫的王府

■ 恭王府蝠厅

彩绘 在我国自古有之，被称为丹青。其常用于我国传统建筑上绘制的装饰画。我国建筑彩绘的运用和发明可以追溯到2000多年前的春秋时代。它自隋唐期间开始大范围运用，到了清朝进入鼎盛时期，清朝的建筑物大部分都覆盖了精美复杂的彩绘。

台；二是中厅，亲朋好友坐的地方；三是后包厢，主人、女眷、贵宾坐的地方。

戏楼的音响效果非常好，即使处在大堂最边远的贵宾席，戏台上的唱词也听得清清楚楚，这在设计上确实到了绝妙的境地，传说舞台下有9口大缸，排成V字形，起到了拢音和扩音的作用，俗称土音响。

园内的长廊像一条纽带衔接山水，有机地把各处建筑物串联在一起，构成一个整体，而且还能遮日避雨。园内的抄手长廊的特点是窄，又做瘦，取意长长寿寿，叫长寿廊。在王府中的长廊可以看到檐上有两排小方块是椽子，上层的彩绘是佛教万字，下层的彩绘是蝙蝠，连起来就是万福万福。

园中路的最后一座建筑，原名"云林书屋"，又名"寒玉堂"，因其形状像展翅飞翔的蝙蝠，故名"蝠厅"，也是出于祈福的用意。正厅5间，硬山卷棚顶，前后各出3间歇山顶抱厦。正厅两侧，各接出3

间折曲的耳房。蝠厅的梁檐柱凳都是彩绘上的斑竹，笔功精作，以假乱真，寓意主人官位"节节生高"。听说该建筑的造型和彩绘斑竹在古建筑中只此一例。由于此建筑构成一个蝠形平面，因此有人说"此厅自早至暮皆有日照"。

蝠厅的特点是从早至晚每个房间都有充足的光线，环廊建在四周又使外面的阳光不会直射到房间内。过去是主人的书房和密室，内挂"寒玉堂"匾额，溥心畬夫妻曾住蝠厅。

和珅府邸的最高处叫"邀月台"。山上有3间敞厅，过去这上面也有两根大大的紫藤，绿绿的叶子遮天蔽日，又称"绿天小隐"。这也是和珅家最高的一只蝙蝠。站在那里就可以发现这座府邸有老北京四合院的建筑特色。

邀月台总体分为三大部分，东路以大戏楼为主要

佛教万字 即"卍"，是上古时代许多部落的一种符咒，在古代印度、波斯、希腊、埃及、特洛伊等国的历史上均有出现，后来被古代的一些宗教所沿用。最初人们把它看成是太阳或火的象征，以后普遍被作为吉祥的标志。随着古代印度佛教的传播，"卍"字也传入我国。

■ 恭王府大戏台

■ 恭王府蝠厅

太湖石 又名窟窿石、假山石，是一种石灰岩，形状各异，姿态万千，通灵剔透的太湖石，其色泽最能体现"皱、漏、瘦、透"之美，其色泽以白石为多，少有青黑石、黄石。尤其黄色的更为稀少，特别适宜布置庭院景色等，有很高的观赏价值。

建筑，西路则以方塘水榭为主要建筑，最重要的建筑都集中在中路，比如：西洋门、独乐峰、蝠池、安善堂、蝠厅、福字碑，前有蝠池，后有蝠厅，取福福相印之意。

恭王府花园的假山是用许多太湖石和糯米浆砌筑成的，非常坚固。过去每天会有人担水倒在两边的两口水缸里，缸底有小洞，水慢慢浸入石头，湖石吸水，长年累月就长出一层绿绿的苔，青翠欲滴，所以叫滴翠岩。不仅美观，还起到了降温、增加院中湿度的作用。

石头下面有一个十几米的小山洞，传说洞中藏有仙云，叫秘云洞。洞正中是恭王府内第三绝即镇府之宝——"康熙御笔福字碑"，取意为"洞天福地"。

恭王府的西路建筑以水为主，中心是方塘水榭，约有2000平方米，中间是一个方形小岛，岛上是湖心亭，又叫观鱼台、诗画舫，取自庄子濠上观鱼之乐的典故，是主人泛舟垂钓赏鱼的地方。

"一池绿水逐浪，回廊树影交相辉映"，同时也是和珅二十条死罪之一，因为当年公主、皇爷的府邸要引水入园，必须得到皇上特旨钦赐。而和珅在乾隆年间，未经皇上同意，私自引水入园。

南端的两山之间有一段城堡式的墙，墙顶砌成雉堞状，墙心辟券洞，券洞北面嵌石额，上刻榆关。

当年，清代皇帝就是从榆关入关，园中此设计足以表示主人不忘清祖从山海关入主中原的丰功伟绩。这也是最早的立交桥，用的是我国传统园林中典型的"移天缩地在君怀"的艺术手法。

妙香亭是一个像慈禧礼帽的亭子，原来周围种满丁香花，花开时芳香四溢，故得名妙香亭。它为木质结构海棠式方亭，两层12根柱，底为八角形，上为莲花形平顶，上圆下方代表天圆地方，天地人间，全国少有。恭亲王奕䜣之孙溥儒常在此写诗作画。

附近靠山的亭子叫秋水山房，是王府主人练功的地方。据说在恭亲王时代，秋水山房雕之上绘满蝙蝠图案的油漆苏彩画；而靠南的墙上，则彩画着巨幅的萃锦园全景图，蔚为壮观。

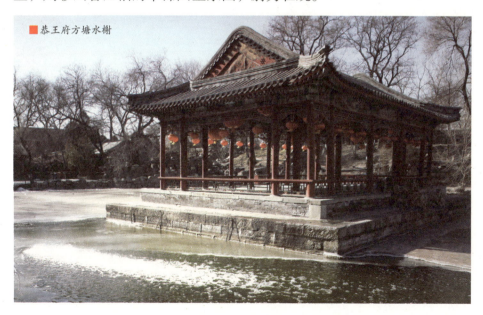
■恭王府方塘水榭

王府的西北边是"龙王庙"，该庙建筑十分精巧，内供龙王坐像。房前有一口古水井。"龙王庙"的建筑充分显示府主人的独具匠心。龙是驭水的，花园中罗织着庞大的水系，整座恭王府蕴含着五行中水的意象。

榆关城墙上还有一座更小巧的门楼式"山神庙"，据说是祭"四神"的，即四种动物：刺猬、黄鼠狼、蛇、狐狸。传说这四种动物自古就经常出没于府园之中，府中历代主人都敬之如神，待之如宾，每当府中有人生病或遇不测时，就会在庙前跪拜烧香或上供品，以求四神助其病除和平安。

从以上建筑可以看出恭王府花园全园的地形起伏不大，游廊也少曲折，显现出过于追求居住、游宴的生活排场，而缺少曲折变换、移情换景的园林气息。这原是北京王府花园的共性，不过恭王府花园更加突出，因而更具有王府花园的代表性。在建筑风格上，以庭院式组合，全部"小式做法"建造。

在园林小品表现手法上，园林甬路曲折掩映，景随步移，步步有景。它集北方建筑与江南造园技艺为一体，又具有北方私家园林的独特风格，在清代诸多王府中是少有的。

阅读链接

"月牙河绕宅如龙蟠，西山远望如虎踞"这是史书上对恭王府的描述。就其选址而言，它占据京城绝佳的位置。

古人修宅建园很注重风水，北京据说有两条龙脉，一是土龙，即故宫的龙脉；二是水龙，指后海和北海一线，而恭王府正好在后海和北海之间的连接线上，即龙脉上，因此风水非常的好。

古人以水为财，在恭王府内"处处见水"，最大的湖心亭的水，是从玉泉湖引进来的，而且只内入不外流，因此更符合风水学敛财的说法。

醇亲王府

　　醇亲王府位于北京后海北沿。前身是清初大学士明珠的宅第。1789年，乾隆封其十一子永瑆为成亲王，并将明珠府赐永瑆，随即按王府规制改建。此府传至第六代成亲王毓橚时，被赐予醇亲王奕譞。

　　奕譞的原王府在西城区太平湖东里。因光绪帝生于此府，成为潜龙邸，故光绪继位后醇王必须迁出。为区别，醇王原在太平湖的王府称南府，后海北沿的新王府称北府。

诞生光绪帝的醇亲王南府

　　醇亲王南府位于太平湖东里。说起这座南府的历史可真是悠长，清朝初年，此处为"八大铁帽子王"之一的克勤郡王岳托第三子、贝勒喀尔楚珲的宅第。至1859年，咸丰帝将其赐给了赫赫有名的醇亲王

醇王府古建遗迹

■ 醇亲王府建筑

奕譞。奕譞是道光皇帝的第七个儿子，出生在紫禁城内，从小就以七皇子的身份住在皇宫，被称为"七王爷"。他是慈禧亲自选定的妹夫，结婚以后就搬到此府居住了。

奕譞是光绪皇帝生父。光绪帝登基后，光绪十六年奕譞去世，太平湖的醇亲王府前半部改建为醇亲王祠，后半部仍作"潜龙邸"。潜龙邸就是清代的太子如果登基，原来的住所不能成为后代皇帝居所，需挪作他用。著名的雍和宫曾住的就是雍正皇帝。因此，雍和宫也算是北京一个著名的潜龙邸了。

醇亲王南府在民国期间，曾经先后作为中华大学和民国大学的校舍使用。新中国成立后，分给了中央音乐学院和北京市34中学使用。

内城西南角本有一个小湖，名为太平湖，湖水流入王府的水池中。现如今太平湖早已被填平。原来，20世纪70年代前后为修路，不仅西南城墙、角楼被相

水榭 是指供人休息、观赏风景的临水园林建筑。我国园林中水榭的典型形式是在水边架起平台，平台一部分架在岸上，一部分伸入水中。平台跨水部分以梁、柱凌空架设于水面之上。平台临水围绕低平的栏杆，或设鹅颈靠椅供坐憩凭依。

继拆除，太平湖也被填埋。

醇亲王南府坐北朝南，分中路和东、西路及花园。中路原来由南往北依次为府门、宫门、银安殿、启门、神殿、后罩楼。

府门面阔3间，两侧有"八"字形影壁，内有东西二门至东西院。中路后来新建了一座礼堂，尚保存二进四合院。东西两路各有六进院落。西侧花园引太平湖水入园，并建有亭台、水榭、船坞等建筑。

1875年，18岁的同治帝得了天花，一命呜呼。由于同治皇帝没有儿子，大清王朝立时面临没有合适人选继承王位的严重问题。

突然丧子的慈禧根本来不及悲痛，为了继续把持统治大权，这位权欲熏心的皇太后立即宣布：由醇亲

■ 醇亲王南府大殿

仪仗 古代用于仪卫的兵仗。指帝王、官员出行时护卫所持的旗、伞、扇、兵器等。现指国家举行大典或迎接外国首脑时护卫所持的武器，也指游行队伍前列所举的旗帜、标志等。仪仗在神农始为仪仗，秦汉始为导护，五代始为宫中导从。

王的儿子载湉继承皇位，也就是后来的光绪皇帝。

1875年初的一个深夜，太平湖畔的醇亲王府突然喧闹异常。门前兵丁林立，仪仗庄严，王公大臣列队恭候；宅内灯火通明，气氛紧张，慌乱的家人把睡梦中的载湉叫醒，匆匆给他穿上从皇宫里送来的龙袍。接着，载湉被人抱上早就停在府门外面的暖轿，这样，载湉就此糊里糊涂地永远离开了自己的家。

当年慈禧选光绪进宫的时候曾经假惺惺地立下诺言："一俟皇帝典学有成，即行归政。"身为皇太后，说话总要算话。1889年，光绪皇帝的亲政典礼如期举行。

光绪并非同治的直系后代，在其出生的时候没人会料到他后来会成为皇帝。由于醇王府成了一代皇帝的"发祥地"，所以，他原先的住所就被称为"潜龙邸"了。

按照清朝成例，在皇帝入宫以后，这住宅必须"升格"为特殊的宫殿或者索性闲置，而不能再由家人居住。所以，在光绪"继承大统"以后，慈禧便把什刹海北岸的一座贝子府赏给光绪的父亲老醇亲王，也就是后来的醇亲王北府。

在清朝，出了皇帝的王府，就会被改成"潜龙邸"。清政府被推翻以后，"潜龙邸"开始跟学校结下不解之缘。这里先是成了民国大学的校舍，后改为私立新中中学，之后又成了北京市34中学，后来北京电子电器职业高中又跻身王府，紧接着又是燕京职工大学。

随着历史变迁，"潜龙邸"逐渐变得血肉模糊。为扩大使用面积，游廊变成教室，一排排小平房拔地而起。1976年的唐山大地震更是让落毛的凤凰不如鸡，被震塌的屋墙改用红砖头重砌，哪儿坏了再凑合补上。

2006年，当社区学校进驻这里时，一点"潜龙邸"的模样都没有了。经过历时一年半的大修，"潜龙邸"终于恢复了当年的辉煌。

东、西路建筑采用墨线大点金的彩绘，而最重要的中路则采用和故宫一样最高等级的金线大点金彩绘，共用去金箔数万张。

当大功告成时，装有西城区文委撰写的《醇亲王府南府修缮纪事铭》的"宝匣"被郑重地放置在后罩楼正脊处，作为一种社会财富，为备后人阅览，可以世世代代流传下去。

阅读链接

在我国古代，皇帝被称为真龙天子。按照清朝规定，皇帝从王府内继承帝位，登基前居住的王府要上升为宫殿，称为潜龙邸。北京共有三座潜龙邸，分别是：

位于安定门内的雍和宫——雍正皇帝登基前居住的雍亲王府，也是乾隆皇帝出生地；

位于新文化街西口鲍家街的醇亲王南府——光绪皇帝载湉的出生地；

位于后海北岸的醇亲王北府——宣统皇帝溥仪的出生地。

诞生宣统帝的醇亲王北府

醇亲王北府在康熙年间是大学士纳兰明珠的宅第，其子纳兰性德为清著名词人，是《红楼梦》研究专家关注的对象。王府中的花园也可能建造于那时，但面积只有后来花园的东半部分。

■ 醇亲王府内景

■ 醇亲王府蓬亭

到了1790年，纳兰明珠后裔承安得罪了和珅被抄家，据记载他们家有房屋989间。和珅罗织罪名将这座府邸没收后，便成了自己的别墅。

和珅被嘉庆皇帝抄家后，此宅就赐给乾隆第十一子成亲王永瑆，1794年修缮竣工入住。格局与后来的醇亲王北府差不多，最大的改变就是扩展了明珠时代的花园部分，开挖河道、湖泊、假山等，据说纳兰明珠时代的渌水亭就是如今的恩波亭。

成亲王的爵位是世袭递降的，之后，慈禧太后将这座王府赐给了奕譞，赏银10万两修治，还赏银1万两作为原府主贝子毓橚搬迁至西直门内半壁街的费用。

醇亲王奕譞于1888年9月开始整修，务求精致，所费不赀。

第二年正月，10万两银用完后，过于浩大的工程仍未完成，于是慈禧太后又复增银6万两修葺。1889年下半年，修府工程结束后，醇亲王奕譞由老府迁入。

醇亲王北府基本上是复制南府的建筑规格，因为是亲王北府坐北朝南，布局广阔，可以分为中、东、西三路。

中路的宫殿式建筑是主体。由南而北的中轴线上依次建有：临街大门，面阔5间，灰筒瓦歇山顶，门两翼延建有东西角房，月街即后海水面；大宫门，面阔5间，绿琉璃瓦歇山顶；银安殿，面阔5间，绿琉璃瓦歇山顶；小宫门，面阔3间，绿琉璃瓦硬山顶，两侧为面阔5间的东、西耳房；神殿，面阔5间，两翼是东、西朵殿；遗念殿，是面阔9间的2层后罩楼，内供奕譞生前衣冠以存后人遗念而名。

东路建筑主要是两组祠堂、佛堂和四进雇工住房，现仅存南大门和最北的5间神厨，东路东墙外的又一组院落为王府的马厩。

西路建筑是王府的住宅部分和日常起居活动的处

硬山顶 即硬山式屋顶，是我国传统建筑双坡屋顶形式之一。房屋的两侧山墙同屋面齐平或略高出屋面。屋面以中间横向正脊为界分前后两面坡，左右两面山墙或与屋面平齐，或高出屋面。高出的山墙称风火山墙，其主要作用是防止火灾发生时，火势顺房蔓延。然而从外形看也颇具风格。常用于我国民间居住建筑中。

■醇亲王府正殿

显赫的王府

■ 醇亲王府内的西院花园

溥杰 字俊之，清朝末代皇帝溥仪的同父同母弟弟。溥杰自幼精习书法、诗词，具有坚实雄厚的诗、书功力，是海内外知名的书法家。由于他身世独特，所以所作诗词大多有感而发，感情真挚，意境求新，很有特点。著有《溥杰诗词选》传世。

所，由并排的两组院落组成，西组院落原建有面阔5间的房子。

第一进院子叫宝翰堂，也叫大书房，是王府会客的地方。据说当年孙中山进京，冒着漫天飞雪拜访醇亲王时，会谈地点就在宝翰堂。一个月后，孙中山病逝，载沣在宝翰堂设灵堂祭拜。

第二进院子叫九思堂，是太妃居所。第三进院子叫思谦堂，是王妃住所。其东组院落原建有儿辈读书的任真堂、溥杰的住处树滋堂、信果堂，此两组院落后为面阔9间的后罩楼。

王府西部为花园，内有箑亭、恩波亭、濠梁乐趣、戏台、乐寿堂、畅襟斋、观花室、听鹂轩、听雨屋及南楼等建筑。抄手游廊为灰筒瓦顶，油漆彩画，恩波亭为六角攒尖顶的亭子。

进入大门以后，左侧是一座假山，在山上面有一座"扇亭"，匾额是醇亲王亲笔题写的，其匾额上正名为"簚亭"。从这里临高而望，可一览后海的旖旎波光。

从扇亭下来北行，竹林掩映间就是抄手游廊，引人到一个六方亭，上有篆书题字"恩波亭"，寓意是"皇恩浩荡"。此亭两面临水，因为奉旨引玉泉水进园，是京城唯一引用玉泉水的花园，这个亭子就是为了谢恩而建的。所以，这个园里的水都是活水，与北海、后海、故宫的水相通。

还是在纳兰明珠拥有此府邸时，在文坛声名斐然的公子纳兰性德就经常在这里高谈阔论。南楼前有两株二三百年树龄的夜合欢树，是纳兰性德亲手栽植。

草坪的北面即是园内的主体古建筑群。其中，前厅"濠梁乐趣"，原址是"益寿堂"。后厅是"畅襟

载沣　生于北京太平湖醇亲王府。为醇贤亲王奕譞之第五子，清光绪帝载湉的胞弟，宣统帝溥仪的生父。奕譞死后，袭醇亲王爵位。溥仪入承大统后任监国摄政王。后因多年老病感受风寒，于1951年初病故。

089

两度潜龙

醇亲王府

■ 醇亲王府南楼

斋"，全园中的主房。

东厢房是"观花室"，西厢房是三卷棚勾连搭的"听鹂轩"。二层主楼的原址上曾有一座四方古建庭院，三排房舍，同前面提到的"益寿堂""畅襟斋""观花室""听鹂轩"都是醇亲王府的原有建筑。

醇亲王北府修好两年之后，奕譞就去世了。之后，奕譞的第五子，也就是光绪皇帝的胞弟载沣成为第二代醇亲王。1906年，载沣的长子溥仪在北京什刹海边的醇亲王北府降生。

1908年10月，慈禧太后和光绪同时病重。在光绪皇帝临死前一天，慈禧太后也行将不起，由于光绪皇帝无后，慈禧太后在中南海召见军机大臣，商量立储人选，军机大臣认为内忧外患之际，当立年长之人。

慈禧太后听后勃然大怒，最后议定，立3岁的溥仪为帝，并让溥仪的亲生父亲载沣任监国摄政王。大臣将此事告知光绪皇帝后，因为溥仪是自己的亲侄子，又让自己的亲弟弟监国，光绪皇帝十分满意。接着，光绪、慈禧在两天中相继死去。

半个月后，溥仪在太和殿即位，由光绪皇后隆裕和载沣摄政。第二年改年号为"宣统"。就这样溥仪登上了大清王朝末代皇帝的宝座。在30多年的时间里，醇亲王府居然接连出了两个皇帝。这一下，"北府"也成了"潜龙邸"。

阅读链接

醇亲王府的第三座府邸也就是监国摄政王府，在"北府"成为宣统帝潜龙邸后，光绪帝的皇后隆裕命人在中海西岸集灵圃地区修建监国摄政王府，有宫门、银安殿、神殿、后罩殿。还有东西两个跨院，共有房屋1500多间。

辛亥革命之时，这座监国摄政王府的工程仍未竣工。袁世凯时期，为国务院，后为总统府，今为国务院办公用地。

由此说来醇王府实在荣耀：两度"潜龙"、一朝摄政、三修府邸，在历史上有着特殊的地位。